日本語の「時の表現」の研究

日本語の「時の表現」の研究

牟 世 鍾 著

J&C
Publishing Company

序　文

　本人は日本の筑波大学に留学し、日本語学を専攻しながら、日本語学の多様な分野に接することができた。その中でも現代日本語の文法に興味を持ち、研究を進めた。

　文法というのは、言葉が文を構成するにおいてその構成要素の間に働いている法則で、言語表現の正当性を裏付けするものであろう。文法に対しての理解なしに正しい言語表現は不可能であり、特に外国語の正しい使い方は、文法現象の理解を通してのみ実現可能になるであろう。

　文法の領域は広く、多様な分野に分けられるが、だからといって、ある一つの分野のみに限定して研究しては求めるべき答えが得られないであろう。なぜなら文法は有機的に絡み合う言語現象全体の中においてこそ論じられるものであり、ある一つの分野の現象は他の言語現象との関係の中において位置づけられるからである。文法は主に動詞を中心に論じられるが、動詞と関わる文法領域は多岐にわたっており、それらを考え合わせなければ、ある一

つの文法現象すら正しく位置づけることはできない。

　本書はテンスとアスペクトなどの時と関連する文法現象を述べる
ものである。時と関わる言語現象は自然科学的な性格を持ってお
り、論理整然たる規則性があると同時に、多くの言語に普遍的に
見られる言語現象でもあると言えよう。言語によって実際の表現方
法が異なるものの、「時の表現」の在り方には普遍性が見られると
いうことである。それにもかかわらず、各言語に「時の表現」形式の
違いが見られるとしたら、これは慣用的な使用方法の違いであると
考えられる。

　「時の表現」形式が表す過去・現在・未来は、結局、捉えられる
事態の時間軸への位置づけであるが、事態とは状態か動きの成
立かを表すものである。つまり、「時の表現」とは状態か動きの成立
かという事態と過去・現在・未来との関係付けに関わる規則なので
ある。結局、時と関連し、状態とか動きの成立とかというものは何
であり、どういう表現の仕方をしているのかということが、「時の表現」
に問われる文法領域であろう。

　本書は本人の博士課程在学中に執筆され、学位論文として提
出された博士論文を基にし、それに修正加筆しながら、雑誌論文
として掲載された論文を纏め、「時の表現」に関わる本人の考え方
を総合的に提示したものである。その詳細については参考文献と
して揚げた本人の既発表論文を参考にしていただきたい。「時の
表現」に関する包括的な研究が少ない中、本人のこれまでの研究
を纏め、一つの研究書にするのは学問的に極めて意義のある作

業であると思われる。

　「時の表現」は、その自然科学的な性格から、理論に例外を設けないものでなければならない上、「時の表現」形式を動詞全般にわたって取り上げることは極めて重要な作業であると思われる。本書は「時の表現」の一般原則の妥当性を追求するために、従来の研究において触れられていないものや例外視されているものを、「時の表現」の一般原則の中で記述しようとしたもので、それによって言語現象の規則性や普遍性を究明しようとした。

　本書は、「時の表現」において状態の表現と動きの成立の表現とは何か、状態の表現と動きの成立の表現が時間軸にどう位置づけられるのかということを指摘できたし、さらに、物理的な事実としての現在と言語表現としての現在を明確に区別し、「現在」の表現とはどういうものであるのかを新しい視点から捉え直し、言語現象としての「時の表現」の理解に理論的な根拠を提供するものである。

　「時の表現」と関わり、研究すべきことは多いが、特に動きの成立を表すべき一般動詞が状態の表現に用いられる際の「時の表現」形式には、更なる研究が必要であろう。

目　次

序文 / 5

第一章 はじめに　　　　　　　　　　　　　　　　　　　　15

　　1.「時の表現」とは ………………………………………15
　　2. 先行研究の取り扱いと本書の立場 ……………………19
　　　　2.1. 先行研究の検討 ………………………………19
　　　　2.2. 本書の立場 ………………………………………23
　　3. 本書の構成 ……………………………………………26

第二章 「時の表現」の決定要素　　　　　　　　　　　　33

　　1.「時の表現」の現れ ……………………………………33
　　2.「時の表現」における事象の分類 ……………………37
　　3. 状態の表現と動きの成立の表現 ……………………40
　　4. 状態の意味 ……………………………………………42
　　5. 事象と時間軸 …………………………………………47
　　6. 話し手と事象の関係 …………………………………52
　　7.「時の表現」の決定 …………………………………61

第三章　二事象間における時間関係の表現形式　69

1. 出来事の継起性と同時性 ……………………………69
2. 先行研究とその問題点 ………………………………72
3. 出来事間の時間関係とその表現形式 ………………78
4. 結論 ……………………………………………………82

第四章　状態の表現における「ル」形と「タ」形　83

1. 状態の表現における「ル」形と「タ」形の意味とその近似性 …………83
  1.1. 問題設定 ……………………………………………83
  1.2. 先行研究とその問題点 ……………………………85
  1.3. 状態の表現における「ル」形と「タ」形の意味 ………91
  1.4. 結論 ………………………………………………98
2. 発見・思い出しにおける「ル」形と「タ」形 ………………100
  2.1. 問題設定 …………………………………………100
  2.2. 先行研究とその問題点 …………………………102
  2.3. 発見・思い出しにおける「ル」形と「タ」形の意味 ………108
  2.4. 発見の表現における「アル」と「ダ」 ………………112
  2.5. 結論 ………………………………………………117

第五章　動きの成立の表現における「ル」形と「タ」形　119
— 現在の表現と関連して —

1. 問題設定 ……………………………………………119
2. 動きの成立と現在 …………………………………121
3. 客体的な事象の主観的な表現 ……………………127
  3.1. 「たつ・なる」 ………………………………………127
  3.2. 「来る・行く」 ………………………………………132

4. 主体的な事象 ……………………………………………………136
　4.1. 主体的な事象の主観的な表現 …………………………136
　4.2. 遂行動詞文 ………………………………………………138
　　4.2.1. 遂行動詞文とは ……………………………………138
　　4.2.2. 遂行動詞文になる環境 ……………………………141
　　4.2.3. 先行研究とその問題点 ……………………………142
　　4.2.4. 「時の表現」における遂行動詞文の意味 ………145
5. 結論 ………………………………………………………………148

第六章　現在の表現と「シテイル」の意味　　151

1. 問題設定 …………………………………………………………151
2. 現在の表現 ………………………………………………………154
3. 「時の表現」と関わる「シテイル」の意味 …………………159
　3.1. 先行研究の検討 …………………………………………159
　3.2. 「時の表現」と関わる「シテイル」の意味 ……………163
　3.3. 先行研究との比較 ………………………………………169
4. 結論 ………………………………………………………………171

第七章　動き動詞における「ル」形の現在　　173

1. 問題設定 …………………………………………………………173
2. 先行研究の検討 …………………………………………………175
3. 恒時的な事象 ……………………………………………………180
　3.1. 恒時的な事象の表現と現在の表現 ……………………180
　3.2. 現在の表現における時間的な幅 ………………………188
4. 恒時的な事象における「スル」と「シテイル」 ……………190
　4.1. 「スル」と「シテイル」の意味 …………………………190
　4.2. 恒時的な事象の「スル」・「シテイル」と時の副詞 …195
　4.3. 「スル」と「シテイル」の置き換え ……………………196

5. 状態化動詞文 ……………………………………………………201
　5.1. 状態化動詞文とは ………………………………………201
　5.2. 修飾成分による状態化動詞文 ………………………205
　5.3. 状態化動詞文を作る修飾成分と「シテイル」 ……………209
6. 結論 …………………………………………………………213

第八章 状態表現における現在の表現形式　217
― その意味と制約 ―

1. 問題設定 ………………………………………………………217
2. 状態動詞の現在の表現形式 ………………………………220
　2.1. 状態の表現 ……………………………………………220
　2.2. 状態表現における「シテイル」の意味 ………………221
　2.3. 「アル・イル」と「シテイル」 ………………………224
3. 「シテイル」の現在 …………………………………………227
　3.1. 問題設定 ………………………………………………227
　3.2. 単なる状態の実体とその意味 ………………………228
　3.3. 「優れている・似ている」と「知っている・住んでいる」 …………234
　　3.3.1. 「優れている・似ている」 ………………………234
　　3.3.2. 「知っている・住んでいる」 ……………………235
　3.4. 形式動詞「する」における状態の表現形式 ……………236
　　3.4.1. 「時の表現」形式と格 ……………………………239
　　3.4.2. 状態表現の意味と格 ……………………………240
　　3.4.3. 形式動詞「する」の「シテイル」と「ダ」 ………246
　　3.4.4. 「シテイル」の活用 ………………………………251
4. 「スル」・「シテイル」の現在 …………………………………252
　4.1. 問題設定 ………………………………………………252
　4.2. 「見える・聞こえる・匂いがする・音がする」 ……………254
　4.3. 「思う・考える・存ずる・感じる・信じる」 ………………264
　　4.3.1. 思考活動の表現 …………………………………266
　　4.3.2. 思考活動の表現と人称 …………………………269

4.4.「存在する・現存する」と「違う・異なる」 ……………………274
　　4.4.1.「存在する・現存する・実在する・残存する」…………274
　　4.4.2.「違う・異なる・当たる・属する」 ………………………276
5.「シタ」・「スル」・「シテイル」の現在 ……………………279
　5.1. 感覚活動・感情活動を表す表現 ………………………279
　5.2. 先行研究の検討 ………………………………………283
　　5.2.1. 感覚活動の表現 …………………………………287
　　5.2.2. 感情活動の表現 …………………………………291
　　5.2.3. その他 ……………………………………………295
　5.3. 感覚・感情動詞における動きの成立 ………………297
　5.4. 感覚・感情動詞と人称 ………………………………300
　5.5.「シタ」が実現する意味 ……………………………302
　5.6. 感覚・感情動詞における過去の表現 ………………305
6. 結論 …………………………………………………………306

第九章　終わりに　　311

参考文献 …………………………………………………………319
関連論文一覧 ……………………………………………………323

第一章

はじめに

1.「時の表現」とは

　「時の表現」というのは、述語などによって表現される文の意味が、「時」と関連して、どういうふうに捉えられるか、ということを表すものである。日本語における「時」と関わる表現は、「テンス」・「アスペクト」という二つのカテゴリーの中で論じられている。

　テンスとアスペクトに関する定義は様々である。一般的に、「テンス」というのは、ある事象を基準時との時間関係から捉え、それが基準時の前か、後か、それとも同時か、ということを、「アスペクト」というのは、ある事象が基準時において完了しているかいないか、

それとも継続しているかいないか、という事象の様態を、述部の形式によって示す文法範疇であると言えよう。

　テンスとして捉えられる意味とアスペクトとして捉えられる意味とは異なっている。しかし、テンスを表す形式とアスペクトを表す形式とが分離されているわけではない。

(1)　その本はすでに読んだ。

(2)　その本は後で読む。

(3)　いま彼は本を読んでいる。

(4)　そのとき彼は本を読んでいた。

(1)と(2)は、テンスから考えると過去(読んだ)と未来(読む)を表すが、アスペクトから考えると完了(読んだ)と未完了(読む)を表す。(3)と(4)は、テンスから考えると現在(読んでいる)と過去(読んでいた)を表すが、アスペクトから考えるとともに継続を表す。つまり、(1)の「読んだ」は、過去というテンスの意味と完了というアスペクトの意味を表し、(3)の「読んでいる」は、現在というテンスの意味と継続や未完了というアスペクトの意味を表す。これは、同じ形式がテンスの対立とアスペクトの対立を表すことを意味する。「時の表現」においては、各々の一つの形式がテンスとアスペクトの両方の意味を表すので、テンスとアスペクトを表す形式は分離することができないのである。

　テンスとアスペクトの意味は、一般的に、両方が別個に存在する

ものとして捉えられる。しかし、日本語には、アスペクトはあるがテンスはないという、テンスを認めず、アスペクトだけを認める立場もある。

(5)　a.　昼ご飯食べた？

　　　b.　いいえ、まだ食べていない。

(6)　a.　昨日、昼ご飯食べた？

　　　b.　いいえ、食べなかった。

(5)では、「食べたか」という「タ」形の疑問文に、「食べていない」という「シテイル」形が用いられ、同じ時点を表す形式で表現されていない。(6)では、同じ「食べたか」という「タ」形の疑問文に、「食べなかった」という「タ」形が用いられ、同じ時点を表す形式で表現されている。過去のことを聞かれれば過去のこととして答えることが予想されるが、(5)と(6)では、「タ」形の疑問文の答えとして「シテイル」形と「タ」形の表現が用いられている。こうなると「タ」形が過去を表す形式であるという解釈には不問題があることになる。しかし、この「タ」形をアスペクトの意味の完了として解釈すれば、完了と未完了の文が用いられる現象はうまく解釈できる。過去のことを質問されて、それを現在のことで答えるのは不自然であると言えるが、「完了したか」という問いについて「完了した」あるいは「完了していない」というふうに答えるのは、極めて自然であるということである。日本語にアスペクトしかないという捉え方は、こういう理由によるものであろう。

17

　テンスを表す形式は、一般的に、過去・現在・未来を表すとされるが、未来を認めない捉え方もある。

　　(7)　旅行は、夏休みに<u>行く</u>。

　　(8)　旅行は、夏休みに<u>行こう</u>。

　　(9)　将来、私は大学の先生に<u>なる</u>。

　　(10)　将来、私は大学の先生に<u>なろう</u>。

過去や現在のことは確認できるものであるから、時間軸に位置づけられる。しかし、未来のことは、まだ実現されていないものであるから、普通は予想としてしか時間軸に位置づけられない。また、未来のことは、現在時において決定されているものとして表現されるのが普通である。つまり、(7)と(9)は、未来に成立する動きであるが、話し手がそれを現在(＝発話時)の事実・決断として表す表現であるという捉え方も不自然ではない。こういう観点からすると、未来テンスは現在テンスの一種であるという解釈も可能である。これは、現在であると考えられる(8)と(10)のような意志の表現と、(7)と(9)のような未来の表現における動きの成立時点が同じであることや、未来の動きは発話時における話し手の判断であるという観点にもとづく見解であろう。

　以上のように、日本語におけるテンスとアスペクトの捉え方は必ずしも一定ではない。

18

2. 先行研究の取り扱いと本書の立場

2.1. 先行研究の検討

　テンスとアスペクトに関する従来の研究を見ると、テンスとアスペクトとは相互関係を持つものであると言いながらも、実際においては、この二つに用いられる形式を総合的に捉えようとしていなかったと言える。つまり、従来の研究には、テンスを「ル」形と「タ」形の対立から、アスペクトを「スル」と「シテイル」の対立から分析する傾向が多く見られる。

　　(11)　私の家には犬が<u>いる</u>。

　　(12)　私の家には犬が<u>いた</u>。

　　(13)　明日友達と映画を<u>見る</u>。

　　(14)　彼女は去年<u>結婚した</u>。

　　(15)　彼は図書館で本を<u>読んでいる</u>。

　　(16)　昨日の嵐で運動場の木が<u>倒れている</u>。

従来の研究では、(11)と(12)のように、状態動詞の「ル」形と「タ」形がそれぞれ現在と過去を表すものとして、(13)と(14)のように、動作動詞と変化動詞の「ル」形と「タ」形がそれぞれ未来と過去を表すものとして捉えられてきた。また「スル」と「シテイル」の意味は、(13)と(15)のように、完成的(＝ひとまとまり的)であるのか、継続的(＝局面

19

的)であるのか、という対立の中で、それから「シテイル」の意味
は、(15)と(16)のように、動きの継続であるのか、動きの結果として
現れる状態の継続であるのか、という対立の中で取り上げられてき
た。

　本書では、従来の研究で不充分であったと考えられる部分を、
考察の対象にし、それを踏まえてテンスとアスペクトの枠組みの再
構築を試みる。なお、テンスとアスペクトにおける史的な考察は対
象の外にし、先行研究に触れることも、ごく一部分に限定する。

　テンスとアスペクトに関する様々な研究の中で、寺村秀夫の『日
本語のシンタクスと意味Ⅱ』(1984)、高橋太郎の『現代日本語動詞
のアスペクトとテンス』(1985)は、テンスとアスペクトに関わる様々な
問題点を膨大な例を通して幅広く取り上げている。本書ではこの
点を活かし、寺村秀夫(1984)と高橋太郎(1985)を、随時引用しなが
ら考察を進めることにする。

　高橋太郎(1985：p.2)は「テンスとアスペクト」について次のように
述べている。

　　　アスペクトとテンスは、動詞の形態論的なカテゴリーである。
　　つまり、それを実現する形式は、動詞の語形変化のシステム
　　－活用のパラダイム－のなかに、語形 (広義)として位置づけ
　　られている。

こういう立場から、高橋太郎(1985：p.33)は、テンスとアスペクトを、

20

次の【表1】のように、動詞の語形の対立から捉えている。

【表1】

	非過去形	過去形
完成相	スル	シタ
継続相	シテイル	シテイタ

しかし、高橋太郎(1985)の捉え方では、次の(17)～(25)のような表現が、【表1】の枠組みの中で説明しきれず、結局、これらはテンスとアスペクトにおける例外的なものとして取り扱われている。

(17)　地球は太陽のまわりを回る。

→　地球は太陽のまわりを回っている。

(18)　私は朝いつも散歩する。

→　私は朝いつも散歩している。

(19)　この木は昔からここにある。

→　この木は昔からここにあった。

(20)　あ、財布はここにある。

→　あ、財布はここにあった。

(21)　あ、彼が来る。

→　あ、彼が来た。

(22)　国を出てから6年になる。

→　国を出てから6年になった。

21

(23)　これは面白い<u>色をしている</u>。

≠　*これは面白い<u>色をする</u>。

(24)　彼の論文は<u>優れている</u>。

≠　*彼の論文は<u>優れる</u>。

(25)　日本には富士山というすばらしい山が<u>そびえている</u>。

≠　*日本には富士山というすばらしい山が<u>そびえる</u>。

(17)～(22)のように、一つの場面に「スル」と「シテイル」あるいは「ル」形と「タ」形という二つの形式がどちらでも自由に用いられる表現や、(23)～(25)のように、「スル」が用いられず「シテイル」だけが用いられる表現が、一体、何を意味しているのかということが、従来の研究ではそれほど明確に説明されていない。これらはテンスとアスペクトの例外的なものとされることが多く、高橋太郎(1985)は、これをテンスとアスペクトから解放されるものであると捉えている。これはテンスとアスペクト形式である「ル」形と「タ」形の対立や「シテイル」の意味などを捉える際に、事象と時点に対する十分な考察が行われていないためであると考えられる。

　先行研究では、テンスを表すものにおける対立とは何であるのか、またアスペクトとはどういうものであるのか、ということが必ずしも正しく捉えられていない。つまり、テンス・アスペクトを表す形式が正しく位置づけられていないと言えよう。

　本書では、まず、テンスとアスペクトを区別しない段階で、事象と時間軸との結びつき方、それから、事象が過去・現在・未来の表

現として捉えられるためのあり方(特に現在の表現を中心に)など、
テンスとアスペクトに影響するものを総合的に分析し、その体系を
明らかにしたい。

2.2.　本書の立場

　本書では、テンスとアスペクトを含む、時に関する文法範疇を
「時の表現」と呼び、「時の表現」を「話し手が、基準時あるいは発
話時に、ある場面・出来事など(これらは文によって表される。以
下、事象と称する)を、どういうふうに認識して表現するのか、すな
わち、事象をどういうふうに捉えて時間軸上に位置づけるのか、と
いうことを述語によって表す文法範疇」であると規定する。本書で
は、終止形のみを扱うため、発話時という用語を用い、基準時とい
う用語は、状態が捉えられる時点か、動きが成立する時点をさすも
のとして用いる。こういう捉え方は、従来「時の表現」を解釈する上
で不充分であった概念を補うものである。

　「時の表現」とは、状態として継続している事象が時間軸に位置
づけられることと、ある事象における動きの成立如何が時間軸に位
置づけられることが、捉えられるので、本書の捉え方には、テンス
とアスペクトの概念が共に含まれていると言えよう。しかし、ある状
態がどういう意味を持っているのかというアスペクトにおける状態の
意味は、ある一つの「時の表現」形式の中で捉えられる意味群であ
ると考え、本書では「シテイル」だけの問題を取り上げる。これも「シ

テイル」の意味が「時の表現」の中でどのように捉えられるべきかの分析に限定する。ある形式が、完了を表す・未完了を表す、あるいは、動的状態を表す・静的状態を表す、という諸概念は、別に言及しない限り、従来の見解に従う。

　「時の表現」を表す形式は「ル」形と「タ」形が基本で、「時の表現」は「ル」形と「タ」形の対立の中で捉えられる。

> (26)　私は週一回だけ授業が<u>ある</u>。
>
> (27)　彼は論文を<u>書く</u>。
>
> (28)　以前ここには小さい村が<u>あった</u>。
>
> (29)　手紙は昨日<u>書いた</u>。
>
> (30)　彼はもう<u>帰った</u>。
>
> (31)　その小説はすでに<u>読んだ</u>。
>
> (32)　彼はご飯を<u>食べている</u>。
>
> (33)　風で木が<u>倒れている</u>。
>
> (34)　彼は授業に<u>出ていた</u>。
>
> (35)　私はその時テレビを<u>見ていた</u>。

(26)と(28)のように、状態を表す表現は、状態(ある事実)の存在する時点が発話時と同時か発話時の以前かを表しているので、状態を表す表現における「ル」形と「タ」形は、それぞれ現在と過去の意味を表すと言える。(27)と(29)のように、動き(動作や変化：以下動きと呼ぶ)の成立を表す表現は、動きの成立する時点が発話時の

以後か以前かを表しているので、動きの成立を表す表現における
「ル」形と「タ」形は、それぞれ未来と過去の意味を表すと言える。

　「時の表現」を表す「ル」形と「タ」形は対立する形式として用いられ
る。この対立する形式の意味は、事象が状態を表すか、それと
も、動きの成立を表すかによって異なっている。「ル」形と「タ」形が
実現する意味は、状態を表すものかそれとも動きの成立を表すも
のかという事象の種類によるものである。

　動きの成立を表す表現に用いられる「タ」形は、(29)のように、過
去を表すものであっても、(30)と(31)のように、完了を表すもので
あっても、その動きの成立する時点は常に発話時以前のものであ
るので、動きの成立を表す形式としては意味の差がないと言えよ
う。従って、(29)～(31)に用いられる「タ」形は、「時の表現」形式とし
ては同じ意味を表すものであると考えられる。

　(32)と(33)の「シテイル」の文は、発話時における状態がそうであ
るということを表している。「シテイル」の文が、(32)のように、動きの
継続を表すものであっても、(33)のように、変化の結果を表すもの
であっても、それは「ある・いる」のような状態を表す文と意味的に同
じであると言えよう。従って、(32)～(35)の「シテイル」と「シテイタ」
は、状態を表す「ル」形と「タ」形の中で考える。つまり、アスペクトを
表す意味であるとされる動作進行・結果状態などの意味は、一つ
の「時の表現」形式の中で捉えられる意味であると考えられるので
ある。

　本書では、「時の表現」を、事象が状態を表すか、それとも、動

きの成立を表すかということの中で捉えているので、動きの成立を表す「ル」形は、未来を表す形式であると考える。ある形式が、テンスを表すかアスペクトを表すかということと、未来テンスがあるかないかということは、本書で、問題にならない。

　本書では、「ル」形と「タ」形の対立を「時の表現」形式の基本とするため、特に言及しない限り、「ル」形には「シテイル」が、「タ」形には「シテイタ」が含まれているものとする。但し、「ル」形の中で「スル」と「シテイル」を考える場合は、「スル」と「シテイル」のように表記する。「シタ」と「シテイタ」もこれに準ずる。

3. 本書の構成

　本書は、先行研究が明確に捉えていないと思われるものを対象にし、「時の表現」の枠組みを確立することを試みているので、「時の表現」と関わる諸概念の検討やその史的な考察は論を進める上で必要なときに限って行う。先行研究についても、本書が各章で取り上げる問題と関連のあるものを中心に考察する。従って、ごく一般的であると考えられる見解については、その引用を省きたい。先行研究を引用するに当たって、引用文の中の例文やその他の数字・記号などは、論文の前後に合わせ、筆者が任意に附することにする。

　本書は、第一章の「はじめに」と、第九章の「おわりに」を除き、

七つの章で構成されている。

　第二章では、「時の表現」と関わる従来の概念を踏まえながら、先行研究が、「時の表現」を考察する際に部分的にしか考慮に入れなかった概念を、「時の表現」の枠組みの中で総合的に捉え、「時の表現」を決める要素を分析する。この枠組みを前提にして、従来の研究が例外視してきた表現や明確にしていない表現を、第三章以下で取り上げ、「時の表現」の形式と意味を再考察する。

　第三章では、次の(36)と(37)のような例から、事象間における時間関係を表す形式について考察する。

　　(36)　彼は論文を完成したが、私はまだ書いている。

　　(37)　手紙は書いて、ポストに入れた。

この章では、二つ以上の出来事が同時的な意味((36))や継起的な意味((37))として捉えられる理由を、事象(出来事)の性質やその表現形式から分析し、出来事を表す形式には関係なく、状態を表すものが同時的な意味を、動きの成立を表すものが継起的な意味を表すものとして働くことを明らかにする。

　第四章では、次の(38)～(40)のような例から、状態表現における「ル」形と「タ」形について考察する。

　　(38)　この習慣は昔からある。

　　　→　この習慣は昔からあった。

(39)　あ、思い出した。ここに<u>ある</u>。

　→　あ、思い出した。ここに<u>あった</u>。

(40)　あ、彼の誕生日は明後日<u>だ</u>。

　→　あ、彼の誕生日は明後日<u>だった</u>。

(38)〜(40)は、ある一つの場面が対立する二つの形式で表現されているものである。この章では、状態の表現において、一つの場面が「ル」形と「タ」形の二つの形式で表現される理由を分析し、この対立する二つの形式が近似した意味を表すことと、さらに、発見・思い出しなどの表現に用いられる「アル」と「ダ」の使い方なども考察し、過去の状態として表現される事象も、現在の状態を表すことができ、これによって、対立する形式が一つの事象を表現するのに用いられるということを明らかにする。

　第五章では、次の(41)〜(44)のような例から、動きの成立の表現における「ル」形と「タ」形を現在の表現と関連して考察する。

(41)　投手、<u>投げます</u>。<u>投げました</u>。　　　（テレビの実況放送）

(42)　あ、電車が<u>来る</u>。

　→　あ、電車が<u>来た</u>。

(43)　よし、これに<u>決める</u>。

　→　よし、これに<u>決めた</u>。

(44)　よろしく<u>お願いする</u>。

(41)～(44)は、動きの成立を表す表現で、全て発話時と関係を持っ
ている。(41)～(43)のように、動きの成立を表していながら、発話時
と密接に関係して現れる表現は、「ル」形と「タ」形が用いられる。こ
の章では、こういう表現に用いられる「ル」形と「タ」形を分析し、動
きの成立を表すものが発話時と関連して現れる場合、この表現に
用いられる形式が現在を表すものではないことと、また、(42)と(43)
のような表現は、動きの成立する時点が話し手の主観的な判断に
よって決められるので、対立する両形式が用いられるということを
明らかにする。さらに、(44)のように、遂行動詞文に用いられる「ル」
形について分析し、遂行動詞文の「ル」形が動きの成立を表す形
式であり、よって現在を表すものではないことを明らかにする。

　第六章では、次の(45)～(49)のような例から、現在の表現と「シテ
イル」の意味について考察する。

(45)　彼は研究室で手紙を<u>書いている</u>。

(46)　道に雪が<u>積もっている</u>。

(47)　この山道はかなり<u>曲がりくねっている</u>。

(48)　彼はすでにそのように<u>話している</u>。

(49)　友達が次々と<u>就職している</u>。

この章では、現在の表現を正しく捉え、それを踏まえて「シテイル」
の意味を位置づけ、(45)～(49)のような「シテイル」のアスペクトに関
する意味を「時の表現」の中で分析し、「シテイル」は、動きの成立

とその結果から捉えられる状態であるという一つの意味を表し、その中の「イル」と「イタ」の対立が「時の表現」を示していることと、さらに、「シテイル」がどういう状態を表すかは「時の表現」の体系に直接影響しないことを述べる。

第七章では、次の(50)〜(52)のような例から、動き動詞における「ル」形と現在について考察する。

(50)　私は朝必ず髪を<u>洗う</u>。

(51)　水は高い所から低い所に<u>流れる</u>。

(52)　a.　私は朝早く<u>起きる</u>。

→　b.　私は朝早く<u>起きている</u>。

この章では、(50)〜(52)のような習慣・規則などの表現と関連し、動きの成立の表現に用いられる動詞の「ル」形と現在の表現との関係を捉えた上で、(52)のa.とb.のように、これらの表現において「スル」と「シテイル」が置き換えられることや、さらに、状態化動詞の文などについて分析し、恒時的な表現が現在を表すことと、こういう表現に用いられる「スル」と「シテイル」の関係を明らかにする。

第八章では、次の(53)〜(56)のような例から、状態表現における現在の表現形式について考察する。

(53)　a.　町の後ろに山が<u>そびえている</u>。

b.　彼女はあの俳優と顔が<u>似ている</u>。

(54)　a.　廊下を歩く足音が教室の中に<u>聞こえる</u>。

　　　=　彼の声は後ろまで<u>聞こえている</u>。

　　　b.　このコーヒーはいい<u>匂いがする</u>。

　　　=　この香水はいい<u>匂いがしている</u>。

　　　c.　私もそう<u>思う</u>。

　　　=　私もそう<u>思っている</u>。

(55)　a.　この仕事は<u>疲れる</u>な。

　　　b.　今日は本当に<u>疲れた</u>。

　　　c.　彼は最近仕事で<u>疲れている</u>。

(56)　a.　彼もそう<u>考えている</u>。

　　　≠　彼もそう<u>考える</u>。

　　　b.　彼女は生活費で<u>困っている</u>。

　　　≠　彼女は生活費で<u>困る</u>。

状態の表現に用いられる動詞の現在の表現には、(53)のように、「シテイル」しか用いられられない場合も、(54)のように、「スル」と「シテイル」が用いられる場合も、(55)のように、「スル」「シタ」「シテイル」が全て用いられる場合もある。心的活動や感情・感覚活動の動詞は主観を表すものであるが、話し手と動作主が一致しない場合は、(56)のように、その表現が客体的なものになり、「シテイル」しか用いられない。第八章では、状態の表現における現在の形式と関連して、これらの意味とその使い方の制約などについて分析し、状態の表現に用いられる形式とその意味を明らかにする。

第二章

「時の表現」の決定要素

1. 「時の表現」の現れ

(1)　お金もないし、ほんとに困ったな。

(2)　あー、疲れた。早く帰ろう。

(1)と(2)は、話し手の現在の状況を表す表現である。両方とも現在の状態を表していながら、「タ」形が用いられている。一般的に、「タ」形は、過去の状態か、あるいは、すでに成立した動きを表す形式として理解される。しかし、この「タ」形が、(1)と(2)のように、過去の状態を表さず、現在の状態を表す場合もある。これは「時の

表現」を表す形式が事象によって異なっていることを意味する。

　過去・現在・未来を表す「時の表現」形式は、全ての事象において同じ現れ方をするのではない。だからといって、これが言語の無規則性を意味するものではない。言語はそれなりの規則性を持ち、形式と意味が対応していると考えるべきである。(1)と(2)の「タ」形も「時の表現」の体系の中で、「タ」形が持つべき意味を表しているはずである。従って、「時の表現」は、事象とその表現形式との間に存在する規則を捉えて、(1)と(2)のような個々の事象がその規則(全体の体系)の中で記述できるように分析しなければならない。

　「時の表現」というのは、時を考える際に想定される過去・現在・未来という概念を時間軸の上に設定し、事象がその時間軸上のどの部分を表しているかを捉えるものである。つまり、「時の表現」は事象と時との関係から捉えられる。

(3)　彼はいま日本に<u>いる</u>。

(4)　彼女は新聞を<u>読んでいる</u>。

(5)　彼は今年中に論文を<u>出す</u>。

(6)　彼女には昨日<u>会った</u>。

(7)　随分<u>お腹がすいた</u>。

(3)と(4)のように、現在は「スル」と「シテイル」で表すのが一般的であるが、(1)と(2)のように、「タ」形でも現在を表すことができる。これは事象から捉えられる時の概念とそれを表す言語形式が一定でない

ことを意味する。(3)〜(5)は、「ル」形が、現在を表す場合も、未来
を表す場合もあるということを、(6)と(7)は、「タ」形が、過去を表す
場合も、現在を表す場合もあるということを示している。「時の表現」
は、事象によって、過去・現在・未来を表す形式が異なっており、
全ての事象において、過去・現在・未来を表す方法が一定してい
るのではない。これは充分に有り得ることで、不自然なことではな
い。事象が過去・現在・未来を表すというのは、結果論的なことで
あり、現在・過去・未来という時の概念は言語表現から独立して存
在している。事象の時間的な関係を表すのに、言語形式がどうい
う体系を以て対応するかを明らかにするのが「時の表現」の研究で
あろう。

　「時の表現」を捉えるためには、時の概念について正しく理解し
なければならない。我々が実際に接し得る時点は、発話時である
現在時のみである。過去と未来は、現在を基準にしたそれ以前と
以後であるから、現在を理解することによって説明できる。物理的
な観点から考えると、現在というのは、停止せずに継続していく瞬
間で、説明は可能であるが、具体的に捉えることはできない時点
である。しかし、事象が現在を表しているかどうかを捉えることはむ
ずかしくない。なぜなら、それは事象が説明可能な現在(発話時)
と対応して存在していればいいからである。

(8)　　彼は学生<u>だ</u>。

(9)　　筑波は茨城県に<u>ある</u>。

35

(10) 彼は本を<u>読んでいる</u>。

(11) 外は雨が<u>降っている</u>。

(8)のように、いま学生である人を見て、「彼は学生だ」と言う場合、(9)のように、筑波が茨城県にあるという事実を言う場合、また、目の前で本を読んでいる人や、外に降っている雨を見て、(10)と(11)のように言う場合、これらが現在を表す表現であるということは、言語解釈における一つの約束とも言えるものである。(8)～(11)のような、現在を表す表現であると考えられる例から、現在の表現がどういう性質のものかを捉えることができる。現在を表す事象がどういうものかが記述できたら、ある事象に用いられる形式をめぐる問題、例えば、次の(12)～(15)のような表現に用いられる「ル」形や「タ」形が、現在を表すかどうかの分析が可能になろう。

(12) a. 打ちました。内野フライ、一塁手<u>取ります</u>。<u>取りました</u>。

    b. 打者2塁を<u>回ります</u>。<u>回りました</u>。

    c. ただ今中間地点を<u>通ります</u>。<u>通りました</u>。

(13) a. あ、電車が<u>来る</u>。

    → あ、電車が<u>来た</u>。

    b. 日本に来てから7年に<u>なる</u>。

    → 日本に来てから7年に<u>なった</u>。

(14) a. もう希望は<u>捨てる</u>。

    → もう希望は<u>捨てた</u>。

(15)　a．先に帰るから、後を<u>頼む</u>。

　　　b．それは私が<u>約束する</u>。

(12)〜(15)は、事象が発話(時)と深く関係しており、その表現形式が表す意味を捉えることは容易ではない。これらの表現については、第五章で詳しく考察する。

2. 「時の表現」における事象の分類

「時の表現」を表す形式は、一つが一つの意味を表す場合もあるが、一つが二つ以上の意味を表す場合もある。

(16)　彼にはきれいな妹が<u>いる</u>。

(17)　彼は今両親に手紙を書い<u>ている</u>。

(18)　明日友達と一緒に旅行に<u>行く</u>。

(19)　来週の研究会では源氏物語を<u>読む</u>。

(20)　ここには古い建物が<u>あった</u>。

(21)　その時彼はテレビを<u>見ていた</u>。

(22)　昼ご飯は和食を<u>食べた</u>。

(23)　昨日は久しぶりにゆっくり<u>休んだ</u>。

(16)〜(19)は、全てが「ル」形という同じ形式で示されている。しか

し、(16)と(17)は、発話時の前から存在していた状態が発話時(現在)に継続していることを表すのに対し、(18)と(19)は、未来のある時点に「行く」「読む」という動きが成立することを表す。(16)～(19)は、全てが同一形式でありながら、(16)(17)と(18)(19)は現在と未来という異なる時点を表す。(20)～(23)は、全てが「タ」形という同じ形式で示されている。しかし、(20)と(21)が、過去のある時点にそういう状態であったことを表すのに対し、(22)と(23)は、過去のある時点に「食べる」「休む」という動きが成立したことを表す。(20)～(23)は、全てが同一形式であり、過去という同じ時点を表すが、(20)と(21)が表す過去と(22)と(23)が表す過去の間には、意味の差がある。「時の表現」は、同じ形式が最初から異なる時点を表す場合もあるが、同じ形式で同じ時点を表しても、それに意味の差が存在する場合もあるのである。

　(16)(17)と(20)(21)は、現在と過去という異なる時点を表すことによって、「時の表現」の対立をなしているが、両方とも状態という側面が時間軸に位置づけられる点で共通している。一般に、状態の表現と呼ばれるものである。(18)(19)と(22)(23)は、未来と過去という異なる時点を表すことによって、「時の表現」の対立をなしているが、両方とも動きの成立という側面が時間軸に位置づけられる点で共通している。動作や変化を表す表現で、本書ではこれを動きの成立の表現と呼ぶことにする。

　事象のどういう性質が時間軸に位置づけられるかを分析することによって、「時の表現」と関連し、分けて考えるべき事象の種類が

決定され、さらにその分けられた事象が「時の表現」においてどういう対立を示すかが記述でき、最終的には「時の表現」を担う形式の意味が明らかにされるのである。つまり、「時の表現」では、事象が何を表すかを分析し、そこから事象を類別し、その類別された事象に用いられる形式と意味を明らかにすべきであろう。

　一般的に事象は、述語によって「時の表現」が示されるが、その意味が述語一つだけで、あらかじめ、決定されるのではない、ということに注意しなければならない。

　(24)　もうすぐ桜の花が咲く。

　(25)　日本では春に桜の花が咲く。

　(26)　来週国へ帰る。

　(27)　年に一度ぐらい国へ帰る。

(24)と(25)に用いられる「咲く」、それから(26)と(27)に用いられる「帰る」は、形式は同じであるが、その意味は異なっている。(24)と(26)は、「花が咲く」「国へ帰る」という動きが未来に成立するということを表す表現であるが、(25)と(27)は、「日本で桜の花が咲く季節は春である」「国へ帰るのは年に一度ぐらいである」という事実が、現在時において真であることを表す表現である。(24)と(26)は、未来に成立する具体的な動きを表す表現であるが、(25)と(27)は、未来に成立する具体的な動きを表す表現ではなく、現在の事実を表す状態の表現である。

　述語というのは、事象によって、動きの成立を表す場合もあれ
ば、状態を表す場合もあり、その意味は固定されているわけではな
い。述語自体は、動きの成立を表す表現に用いられるものであっ
ても、事象(文)レベルにおいては、状態を表す表現に用いられる
場合がある。事象が、状態を表すか、それとも動きの成立を表す
か、ということを述語だけで決定することはできない。「時の表現」
形式が何を表すかは事象(＝文)レベルで捉えなければならない。

3. 状態の表現と動きの成立の表現

　状態として表現される事象に用いられる「タ」形と「ル」形は、継続
している状態を過去の時点で捉えるか、現在の時点で捉えるかを
表すものである。状態は継続する中で捉えられて、表現される。
過去の状態を表す表現は、過去のある時点にそれ以前から継続
していた状態が捉えられるものである。現在の状態を表す表現
も、発話時にそれ以前から継続している状態が捉えられるものであ
る。「タ」形は、継続している状態が過去の時点で捉えられることを
表すから、過去を表す形式であると言える。「ル」形は、継続して
いる状態が、現在である発話時に捉えられることを表すから、現在
を表す形式であると言える。
　動きの成立として表現される事象に用いられる「タ」形と「ル」形
は、発話時において、ある動きが成立したか成立するかを表すも

のである。動きが成立したというのは、話し手が、ある動きを発話時以前に成立した出来事として捉えることであるから、これに用いられる「タ」形は、過去を表す形式であると言える。動きが成立するというのは、話し手が、ある動きを発話時以後に成立する出来事として捉えることであるから、これに用いられる「ル」形は、未来を表す形式であると言える。動きの成立は発話時の直前・直後というように、現在時と非常に近い場合がある。しかし、動きの成立する時点がいくら現在に近くても、それは発話時とともに存在し続けない限り、現在を表すことにはならない。

　「時の表現」形式は、状態の表現に用いられるか、あるいは動きの成立の表現に用いられるかによって、その意味が異なっている。もし、事象が状態を表そうと、あるいは動きの成立を表そうと、それに用いられる形式が同じ意味を表すとしたら、即ち、全ての事象において「時の表現」の表れ方が同じであるとしたら、「時の表現」の規則はより簡単なものになっているはずである。しかし、実際には「時の表現」は事象によって異なっており、同一事象においてのみ同じ表れ方をするので、体系をなすものとして捉えられるのである。例えば、状態を表すものは、それがどういう表現になろうと、「ル」形は、発話時に存在する状態という一つの意味しか表さないし、「タ」形は発話時以前に存在する状態という一つの意味しか表さない。一方、動きの成立を表すものは、それがどういう表現になろうと、「ル」形は、これから成立する(未来の)動きという一つの意味しか表さないし、「タ」形は、すでに成立した(過去の)動きという一

41

つの意味しか表さない。事象が、時間軸との結び付き方によって、状態を表すものと、動きの成立を表すものとに分けられるのは、事象の種類によって、「時の表現」形式の意味が決定されることを意味する。事象の種類によって、「ル」形と「タ」形の意味が決まっているため、「時の表現」における形式と意味は規則としての役割を充分に果たしているのである。

　「時の表現」は、状態を表すか、それとも動きの成立を表すか、ということから捉えられるので、その形式が、現在を表すとか、過去を表すとか、さらに未来を表すとか、という捉え方は不自然ではない。つまり、完了というのも、過去というのも、発話時においてはすでに成立した動きであるから、動きの成立を表す「タ」形を、過去を表すものとして捉えることも、あるいは、完了を表すものとして捉えることも可能である。さらに、動きの成立を表す「ル」形が、現在を表しているか、未来を表しているか、ということも、この形式をこれから成立する動きを表すものとして捉えているので、未来を表す形式として認めて差し支えない。

4. 状態の意味

　「時の表現」は、事象が、状態を表すか、動きの成立を表すかで決定される。しかし、先行研究では状態を表すものに関する見解が必ずしも一定していない。

42

　状態という用語の意味が決まらない限り、ある表現が状態を表すかどうかが明確に判断できず、「時の表現」を正しく捉えることができない。

　本書で用いられる状態という用語の意味を提示する前に、まず状態という用語の使い方について見ていきたい。

　日常言語で状態という言葉がどのように用いられるかを見るため、「何々状態」というふうに状態を修飾する表現を考えて見ることにする。こうした表現から状態の意味を捉えることができよう。

　　(28)　彼は体の具合いが悪い状態で仕事を続けた。

　　(29)　まだ熱のある状態が何日も続いた。

　　(30)　多くの人が見ている状態で歌った。

　　(31)　雪が降る状態がこんなに続くとは思わなかった。

　　(32)　人が行ったり来たりする状態では、気が付きません。

状態を修飾する内容が状態を表すものであるとすると、(28)～(32)から何を状態として表現するのかが捉えられる。(28)と(29)のように、形容詞や状態動詞で修飾する内容は状態を表すものにしかならない。(30)～(32)のように、動き動詞で修飾する内容も状態を表すものになる。

(30)の「人が見ている状態」という状態には、「人が見ていない」状態から「人が見ている」状態への変化の意味が含まれていない。(31)の「雨が降る状態」にも、「雨が降っていない」状態から「雨が降って

いる」状態への変化の意味は含まれていない。また、(32)の「行ったり来たりする状態」というのも、二つの動きで表現されているが、全体が一つの状態として描写されている。つまり、状態というのは何かが一つの場面として描かれるものであり、この性質が「時の表現」において同じ働きをするのである。

　新村出編の『広辞苑』には、状態を「物事がその時そうなっている(特に外面からもそれとわかる)ありさま、ようす。」であると記述されている。これは、ある時点で全体として描写されうるものが状態であるということを意味する。つまり、状態というのはフィルムの一コマのようなものである。ある一時点で、雨が降るのを描写しながら、同時に雨が降っていないことを描写することはできない。同じように、何かがあることを描写しながら、ないことを同時に描写することもできない。もちろん、(32)に見られるように、時間的な幅が要求される二つ以上の出来事が、一つの場面として現れる場合も、それを状態として描写することができる。これは時間の幅のある全体を一つの場面として表す場合で、一時点の拡大であるとも言えよう。

　アスペクトを論じる際は、大概、状態動詞や変化動詞の「シテイル」が表す静止的なものを状態として捉える。中には、動き動詞の「シテイル」を状態として捉える立場もある。

　仁田義雄(1982)は「シテイル」について次のように述べている。

　　「シテイル」は、動きの結果の継続状態を表し、[動き]の動詞を[状態]の動詞に変える働きを有している。

44

仁田義雄(1982)の説明は、動き動詞の「シテイル」が表すのも状態であるということである。「時の表現」と関連し、状態について触れているものには奥田靖雄(1988)がある。

奥田靖雄(1988)は状態に関連して次のように述べている。

　　アスペクトの研究において、この状態という用語は、規定なしに、やたらにつかわれている。たとえば、存在も状態であれば、特性も状態であり、状態も状態である。したがって、状態という用語が表現する意味の内容をあきらかにすることが、日本語のアスペクトの研究にとって、さしせまった課題である。

　　　　　　……中　略……

　　状態とは、いちいちの、具体的な物の中に一時的におこってくる出来事である。この出来事というのは、物の内面や外面で進行する、物それ自身の動きであって、動作のように、ほかの物へはたらきかけていくようなことはしない。

　　　　　　……中　略……

　　このように物そのものにつきまとって、おこってくる内的な運動をひっくるめて、状態という用語でよぶことができるとすれば、状態とは物それ自身の内面や外面でおこってくる、物それ自身の、一時的な動きであるという規定がもっともらしく思える。

奥田靖雄(1988)が述べるように、状態という用語の規定は「時の表現」において大事である。しかし、本書で用いられる「状態」とは、

「動きの成立と対立的な概念として捉えられるもの」という意味で十分である。「時の表現」に関係してくる要素としての状態の意味を規定すればよいのである。奥田靖雄(1988)が述べるような、区別無しに用いられている「状態」という用語を「時の表現」において区別して考えることが必要であろうか。存在、特性、状態というのが、「時の表現」において違う働きをするなら、明確に区別して用いなければならない。しかし、これらが「時の表現」において同じ働きをするとすれば、区別して捉えるのは無意味である。奥田靖雄(1988)が区別しているものは全て、状態的であるという点が「時の表現」において共通している性質で、同じ働きをする要素である。形容詞・形容動詞をはじめとして、存在、特性などが表す状態的な意味が、「時の表現」において同じ表れ方をするのである。これらは、その表現形式に関係なく、全て状態を表すものとして考えられる。状態がどういう性質を持っているかの問題を考える場合は、それ相応の状態の分類も必要であろう。

(33)　日本は平和な国である。

(34)　コンピュータは研究室にある。

(35)　どの分野にも優れた人が存在する。

(36)　年末年始の間は公共施設も休む。　　　　　　　　　(事実)

(37)　冬は冷たい風が吹く。　　　　　　　　　　　　　　(事実)

(38)　最近は夏にも風邪を引く。　　　　　　　　　　　　(傾向)

(39)　ふくろうは夜に動き出す。　　　　　　　　　　　　(特性)

46

(40)　私は夜遅く寝<u>る</u>。　　　　　　　　　　　　　(習慣)

(41)　学校は9時に始ま<u>る</u>。　　　　　　　　　　　(規則)

(42)　水は高いところから低いところに流れ<u>る</u>。

　　　　　　　　　　　　　　　　　　(真理＝自然法則)

「時の表現」における状態という概念は、日常言語の中で用いられる意味そのもので充分である。様々なものが状態として現れることができる。別に、状態の意味を細分して使い分ける必要はない。本書では、「ある時点において、事象が均質的に捉えられるとき、その均質的なものを状態である」と規定し、(33)～(35)だけでなく、(36)～(42)のような、事実、傾向、特性、習慣、規則、真理などを表すものも、全て状態を表す表現であると考える。事象が規則を表しても、事実を表しても、それは問題にならない。

5. 事象と時間軸

　事象は「時の表現」と関連し、状態を表すものと、動きの成立を表すものとに分けられる。事象をこのように分けるのは、過去・現在・未来という時間軸に位置づけられる事象の姿が、状態を表す事象と動きの成立を表す事象の二つの種類から、その共通点と相違点が見い出されるからである。

(43)　私は昨日映画を<u>見た</u>。

(44)　彼女は去年<u>結婚した</u>。

(45)　私は来週日本に<u>行く</u>。

(46)　彼女とはあした<u>会う</u>。

(47)　日本には富士山が<u>ある</u>。

(48)　彼女はとても<u>美しい</u>。

(49)　彼女は若い頃<u>美しかった</u>。

(50)　彼はいま小説を<u>読んでいる</u>。

(51)　外には雪が十センチも<u>積もっている</u>。

(43)と(44)の「見た」と「結婚した」は、過去のある時点にその動きが成立したことを表し、(45)と(46)の「行く」と「会う」は、未来のある時点にその動きが成立することを表す。これらが表す動きは、具体的なものとして捉えられるので、まとまったものとして時間軸に位置づけられる。(43)と(44)は、「見た」「結婚した」という具体的な動きが終わったことを表し、(45)と(46)は、「行く」「会う」という具体的な動きが始まることを表す。例えば、(43)は、映画を見始めてから見終わるまでが「見た」という動きに含まれる。動きの成立の表現は、動きの全体が一つのかたまりとして時間軸に位置づけられる。しかし、過去と未来が発話時を前後にした幅のある区間であるから、動きの時間的な幅が想定されるとしても、問題になることはない。これに対して、(47)と(48)のような状態を表す表現は、状態の初めから終わりまでというような時間的な幅は問題にならず、ただ発話時に

状態が継続していることを表すだけである。状態の表現は、状態の発生から終了までを捉えて言うものではない。状態の存在する時間的な幅は、具体的に明示しない限り捉えられない。(49)のように「若い頃」という時の副詞句の修飾によって、状態の時間的な幅が示される場合もあるが、これもその状態がいつからいつまでであったか明確ではない。例えば、ある状態が二時から三時まで継続していたとしても、状態の始発になる時点(二時)には、すでにその状態が存在していることになるし、状態の終了になる時点(三時)にも、その状態は依然として存在していることになる。状態の表現に時間的な幅が明示されるとしても、その状態の始発点と終了点はただ抽象的なものに過ぎない。(50)と(51)の「読んでいる」と「積もっている」も、動きが成立した結果、継続している状態を表すが、これらも、その状態の初めから終わりまでを捉えて言うのではなく、ただ発話時である現在において、その状態が継続していることを表すだけである。(50)(51)が(47)(48)と違うのは、その状態が動きの成立の結果として捉えられるという点である。

　動きの成立の表現は、全体としての動きが成立するか成立したかを表すものであるから、時の副詞句を伴わなくても、動きの成立時には動きの全体が対応していることになるが、状態の表現は、継続している状態の内部を時間軸に位置づけるものであるから、状態を捉える時点には状態の一部だけが対応していることになる。状態の表現は、時の副詞句によらない限り、状態の時間的な幅が捉えられない。しかし、状態の表現は、継続する状態をまだ

終わっていない段階で捉えるものであるから、状態の存在する時間的な幅が、それを位置づける時点よりいつも幅広く存在する。

　「時の表現」は、事象の時間軸への位置づけ方から、二つの種類に分けられるが、事象と時間軸との関係を示せば、【図2.1】と【図2.2】のようになる。

【図2.1】

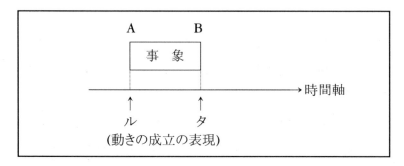

【図2.2】

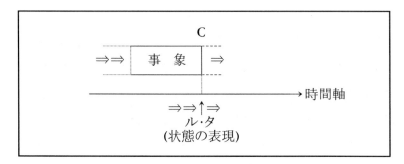

(43)～(46)のような動きの成立の表現は、時の流れの中で生起する

50

事象が全体として時間軸に位置づけられるが、成立した動き(過去の動き)は終わったことによって、また成立する動き(未来の動き)は始まることによって、動きの成立時点が示される。(28)～(30)における動きの成立時点を示したのが【図2.1】のAとBの時点である。「ル」形における発話時は、A時点を除くそれ以前の時点になる。A時点は動きが成立する時点であるから、発話時が、A時点と重なることはない。「タ」形における発話時は、B時点を除くそれ以後の時点になる。B時点は動きが成立した時点であるから、発話時がB時点に重なることはない。(43)(44)の「見た」「結婚した」は、B時点でその動きが成立したことを、(45)(46)の「行く」「会う」は、A時点でその動きが成立することを表す表現である。

　(47)～(51)のような状態の表現は、時の流れの中で継続している事象が全体としてではなく、その内部の一部として時間軸に位置づけられる。(47)～(51)における状態の捉えられる時点を示したのが【図2.2】のC時点である。状態の表現は基準時(状態の存在を捉える時点)における状態を捉えるものであるが、基準時であるC時点は移動するものであるので、状態もこれに対応して継続していなければならない。(47)～(51)は、C時点で捉えられる状態を表す表現である。

　動きの全体とか状態の内部とかという概念は、先行研究の中で用いられているものである。そこでは、「スル」と「シテイル」の対立の中で、「スル」が動きの全体を表すものとして、「シテイル」が状態の内部を表すものとして捉えられている。しかし、本書では、こういう概念を形式の対立から捉えているのではない。「シテイル」だけで

なく、状態を表すものであれば、「スル」も形容(動)詞も、状態の内部が時間軸に位置づけられるものであると考える。

6. 話し手と事象の関係

「時の表現」における事象というのは、常に、状態あるいは動きの成立を表すものとして存在する。この事象はその性質や、話し手がそれをどう捉えるかということによって、「時の表現」の現れ方が異なってくる。事象には、客観を表すもののように、表現内容が話し手と個別的に存在するもの(話し手の外にあるもの)もあれば、主観を表すもののように、表現内容が話し手と一体になって存在するもの(話し手の内にあるもの)もある。

(52) 太郎は花子と結婚した。

(53) 私は太郎を信じる。

(54) 彼は花子を信じている。

(55) a. 電車が来る。

b. 電車が来た。

(52)は、事象が話し手の外にあるもので、話し手が表現する、しないに関係なく存在し、誰にでも表現できるものである。これに対して、(53)は、事象が話し手の内にあるもので、話し手が表現しなけ

れば、事実の存在が確認できず、よって話し手にしか表現できないものである。事象が話し手の外にあるものは、常に客体的な表現((52))になる。客体的な表現というのは、対象が話し手の外にあり、誰にでもできる表現を指す。事象が話し手の内にあるものは、主体的な表現((53))になるが、客体化され、客体的な表現((54))になることもある。主体的な表現というのは、対象が話し手の内にあり、話し手にしかできない表現を指し、客体化というのは、対象が話し手の内から外へ出て、誰にでも表現できるようになることを指す。さらに、話し手が事象をどう捉えるかによって、(55)のように、一つの事象でありながら、それを二つの対立する「時の表現」形式で表す場合がある。

　事象が話し手の内にあるのか、外にあるのかということと、また事象を捉える際に関わってくる話し手の観点、つまり、事象に対する話し手の認識の仕方などは、「時の表現」に密接に関係するものである。

　これに関しては、事象が主体的であるか、客体的であるか、さらにその事象を表す「時の表現」形式が話し手の主観的な判断によって決められるか、それともただ単に客観的に決められるかというように、[主体・客体]、[主観・客観]という用語が用いられる。「時の表現」と関連し、これらの概念をどう用いるべきかということを提示した上で、論を進めていきたい。

　[主体・客体]それから[主観・客観]という用語の意味については、先行研究で色々と述べられている。

　北原保雄(1991)はこれらについて次のように述べている。

　「主観」とは、ある対象に対して、知覚し、意識し、思惟し、あるいは判断し、感動する。主体の作用といった意味であるが、そういう作用についての表現、つまり、たとえば、喜びや悲しみなどの感情、嬉しい時や悲しい時の感動、あるいは欲求・意志・推量などの表現には、二つの仕方がある。その一つは、主体的表現による方法である。「ああ」「おや」「まあ」(感動詞)、「たぶん」「おそらく」「まさか」「もし」(陳述副詞)、「う」「よう」「だろう」「まい」(助動詞)、「か」「ね」「さ」「よ」(終助詞)、などが、その例である。もう一つは客体的表現による方法である。

　「思う」「推量する」「仮定する」「好く」「憎む」「嫌う」(動詞)、「嬉しい」「懐かしい」「楽しい」「欲しい」「△珍しい」「△痛い」「△こわい」(形容詞)、「好きだ」「嫌いだ」「いやだ」「△確かだ」「△不思議だ」(形容動詞)、「もちろん」「当然」「幸い」(副詞)などが、その例である。

　(△印を付した語は、客観の表現にもあずかる両面的な表現である。)

　　　　　………中　略………

　主観は、主体的にも客体的にも表現することができるが、そのうち、主体的表現は、表現主体(話し手・書き手)の主観しか表現することができない。主観の直接的表現、客体化・概念化されない表現が主体的表現である。表現主体の主観しか表現しえないのは、当然のことである。これに対して、主観の客体的表現は、表現主体の主観も表現することができるが、

54

それだけでなく、表現主体以外の動作主(状態の主体も含む)の主観も表現することができる。

主観・客観という概念は、北原保雄(1991)の指摘のように、ものごとに対する話し手の思考活動に関するものとして捉えるのが一般的であろう。本書では、こういう捉え方を支持しながら、「時の表現」に関係してくる要素としてのみその意味を用いることにする。

(56) a. あ、バスが<u>来る</u>。
  → b. あ、バスが<u>来た</u>。

(57) a. よし、私が<u>買う</u>。
  → b. よし、私が<u>買った</u>。

(58) これからも宜しく<u>お願いする</u>。

(59) 私もそう<u>思う</u>。

(60) 彼もそう<u>思っている</u>。

(61) あの車はいい<u>形をしている</u>。

(62) a. その動物は地球上に<u>存在する</u>。
  → b. その動物は地球上に<u>存在している</u>。

(56)は、「バスが来る・来た」という客観的に存在する事実(客体的な事象)があり、その事実とは直接に何の関係もない話し手が、それを捉える表現である。これに対して、(59)は、「思う」ということが話し手の外に客観的に存在しているのではなく、話し手(=動作主)の

中に存在しており、話し手が自分の中にある事象(主体的な事象)
を捉える表現である。(60)は、動作主の主観を表す表現である
が、それを言う話し手の観点からすれば、客観的に存在する事象
を捉える表現である。これは主観を客体化した表現である。事象
には、(56)と(60)～(62)のように、話し手の発話と離れて存在するも
のと、(57)～(59)のように、話し手の発話と離れては存在しないもの
がある。前者は事象が客観を表す場合であるが、後者は事象が
主観を表す場合である。

　「時の表現」と関連して考えると、発話時における話し手の主観とい
うのは、客体化されないものである。これは、話し手の発話がそのま
ま事象になるので、話し手(動作主)自身でなければ表現できない。
こういう表現を主体的な表現であると捉えるのはこのためである。

　事象が話し手の発話と離れて存在する場合、これを客体的な事
象、その表現を客体的な表現と呼び、事象が話し手の発話と離れ
て存在しない場合、これを主体的な事象、その表現を主体的な表
現と呼ぶことにする。主体・客体の意味は話し手の発話と事象との
関係から捉えられることに注意すべきである。

　「ル」形と「タ」形の意味は事象によって決まり、その選択によって
話し手の認識の仕方が示される。例えば、動きの成立を表す表現
に「タ」形が用いられると、その表現には、何かがすでに成立したと
いうふうに捉える話し手の認識が示されるのである。「時の表現」形
式はその意味が決まっているから、話し手は形式を選択すること
よって、事象を捉える自分の認識の仕方を表すのである。従っ

56

て、一つの事象は一つの形式で表現すべきであるが、ある事象においては、一つの事象に対して「ル」形と「タ」形が自由に用いられる場合がある。(56)と(57)がその例である。こういう事象は、話し手がその形式を自由に選択するので、話し手の主観的な判断によってその形式が選ばれると言えよう。

前述したように、主体・客体の意味は話し手の発話と事象との関係から捉えられる。これに対して、主観・客観の意味は、主観あるいは客観を表す事象において、その表現に用いられる形式に対する、話し手の選択可能性に関わるものとして捉える。これは、事象の中味である主観・客観を表す時に用いられる形式が、主観的にも、または客観的にも選ばれるという点が、「時の表現」に関係するからである。本書では、話し手の形式に対する選択を考える時の意味として主観・客観という用語を用いるので、主観・客観という用語は、主観的表現・客観的表現という用語の中で用いることが多い。主観・客観というのは形式の選択に関する問題であるから、主観的な表現というと、これには主観を表す場合もあり、また客観を表す場合もあるということになる。本書では、事象側からの区別として主体と客体という概念を用い、話し手側からの区別として主観と客観という概念を用いるということに注意すべきである。

以上のように、[主観・客観]と[主体・客体]に対する本書の捉え方は、北原保雄(1991)を否定するものではない。

客観を表す「時の表現」は規則的で捉えやすいが、主観を表す「時の表現」はその現れ方が単純ではない。主体的表現と客体的

表現の間では「時の表現」の現れ方が異なっている。事象を表す形式が一つに決まっており、話し手の選択可能性が排除されているものが客観的な表現である。客観的な表現は、(58)〜(61)のように、いつも一つの形式しか取らないので、これに、対立する二つの形式を自由に用いることはない。これに対して、主観的な表現は、対立する形式が任意に選択できるので、一つの事象に、対立する二つの形式を自由に用いることができる。(56)と(57)のように、「ル」形と「タ」形が対立的な意味を持っていながら、そのどちらも選択できるような表現が主観的な表現である。しかし、(62)のように、そもそも両形式の用いられることが、ある明確な意味の違いに基づいていない表現は、話し手の主観的な判断によるものではないとみなし、客観的な表現とする。少なくとも、本書では、明確な対立を持つ二つの形式が、一つの事象に用いられる場合に限って、それを主観的な表現と捉える。

　主観的な判断によって、ある事象に二つ以上の形式が自由に用いられるとしても、それを「時の表現」の例外的なものとして捉えるとしたら、これは、「時の表現」を総体的に理解していないことになるであろう。

　「ル」形と「タ」形は、事象の種類(状態を表すか、動きの成立を表す)によって一定した意味を持っている。同一種類の事象ならば、これに用いられる形式は、主観的な表現に選ばれようが、客観的な表現に選ばれようが、その間に意味の違いはない。例えば、動きの成立を表す事象における「ル」形が、(56)と(57)のように、主観

的な表現に用いられても、(58)のように、客観的な表現に用いられても、この「ル」形は、これから成立する未来の動きという一つの同じ意味しか表さない。

　事象は、一般的に客体的なものが客観的に表現される。しかし、(56)のように、客体的な事象を主観的に表現する場合があり、また、(59)のように、「思う」は主体的な表現に用いられる動詞であるが、それが、(60)のように、客体的な表現に用いられることもある。注意すべきは、客体的な事象であろうが、主体的な事象であろうが、またそれを客観的に表現しようが、主観的に表現しようが、それに関係なく、事象は、状態の表現であるのか、動きの成立の表現であるのかということによって、その表現形式の意味が決定されるという事実である。

　事象は、[主体的表現・客体的表現・主観的表現・客観的表現]に分けて考えることができるが、これを示せば次の【表2.1】のようになる。

【表2.1】

・客体的なもの	→ 表現過程(客観的)	→ 客体の客観的表現	(1)
	→ 表現過程(主観的)	→ 客体の主観的表現	(2)
(主体的なもの	→ 客体化 → 客体的なもの	→ 客体の客観的表現)	(3)
・主体的なもの	→ 表現過程(客観的)	→ 主体の客観的表現	(4)
	→ 表現過程(主観的)	→ 主体の主観的表現	(5)

【表2.1】の(1)～(5)に当たる表現をまとめれば次のようになる。

(1) 客体の客観的表現

A. あの車はいい<u>形をしている</u>。

B. その動物は地球上に<u>存在する</u>。

→その動物は地球上に<u>存在している</u>。

(2) 客体の主観的表現

A. あ、バスが<u>来る</u>。

→ あ、バスが<u>来た</u>。

B. 日本に来て7年に<u>なる</u>。

→ 日本に来て7年に<u>なった</u>。

(3) 客体の客観的表現(客体化)

A. 彼もそう<u>思っている</u>。

B. 彼もこの仕事で<u>疲れている</u>。

(4) 主体の客観的表現

A. これからも宜しく<u>お願いする</u>。

B. 私もそう<u>思う</u>。

(5) 主体の主観的表現

A. よし、私が<u>買う</u>。

→ よし、私が<u>買った</u>。

B. 雨が降らなくて<u>困る</u>。

→ 雨が降らなくて<u>困った</u>。

　以上、述べたように、「時の表現」には話し手の認識の仕方が関わってくるので、「時の表現」は最初から、時と事象と話し手という三つの要素の関係から分析すべきであろう。「時の表現」というのは、事象とそれを捉える話し手の認識の仕方の組み合わせを表す規則のようなものであると言えよう。

　ごく僅かながら、(61)のように、「スル」は用いられず、「シテイル」だけが用いられる表現、つまり限られた形式しか用いられない表現もある。また、(62)のように、ある動詞においては、意味の違いを捉えにくい二つの形式が用いられる表現もある。これらが、このような現れ方をする理由を分析し、明らかにすると、「時の表現」の体系はより明確なものになるであろう。このような例外的な表現こそ、枠組みの中で記述できるように考察すべきである。

7.「時の表現」の決定

　「時の表現」は形式と意味が決定される過程を捉えることによって、その体系が明らかにされよう。

　　(58)　昔この山には虎がいた。

　　(59)　日本には富士山がある。

　　(60)　私は昨日映画を見た。

　　(61)　彼は来週学会に出る。

(62)　地球は太陽の回りを<u>回る</u>。

(63)　彼は百メートルを十一秒で<u>走る</u>。

「時の表現」形式の意味は、事象が時間軸上へどう現れるかによって決められる。(58)と(59)のように、動きの成立が問題にならず、存在している状態から捉えられる状態の表現は、状態の存在する時点が「時の表現」に関わるので、その形式の意味は「状態の存在時」によって決定される。これに対して、(60)と(61)のように、時間軸上に成立する時点が問題になる動きの成立の表現は、動きの成立時が「時の表現」に関わるので、「動きの成立時」によって形式の意味が決定される。(62)と(63)に用いられる「回る」「走る」は、動きの成立に用いられる動詞である。しかし、(62)と(63)は、未来に成立する動きを表しているのではなく、「地球が回る」「彼が十一秒で走る」という事実を、現在時に継続する状態として表しているのである。つまり、(62)(63)は、状態的な要素が「時の表現」に関わるので、(58)(59)と同じように、状態を表す表現として位置づけられる。「時の表現」は「タ」形と「ル」形という対立する形式で示される。この対立する形式は、(58)と(59)のように、事象が状態を表す場合、過去と現在を、(60)と(61)のように、事象が動きの成立を表す場合、過去と未来を表す。

　事象は、状態の表現あるいは動きの成立の表現として時間軸に位置づけられる。しかし、動きが成立し、その結果の状態が継続していることが時間軸に位置づけられる場合もある。

62

(64)　彼は論文を<u>書いている</u>。

(65)　家族のために<u>働いている</u>。

(66)　先生は国へ<u>帰っている</u>。

(67)　木の葉がすっかり<u>落ちている</u>。

(64)～(67)は、発話時以前に成立した動きを表すが、それがいつ
であったかは問題にされず、ただ結果として残って継続する状態
だけが捉えられる表現である。(64)～(67)は動きが成立した後の状
態の存在時点が「時の表現」に関連している。こういう表現には、
動きが成立する、したという動きの成立の対立はなく、状態の対立
だけがあり、動きの成立が問題にならない状態を表す事象と同じよ
うな「時の表現」をする。状態を表す表現であるが、それが、動き
の成立した結果から捉えられる状態であるということを表す形式が
存在するのはこのためである。「シテイル」は、「シテイタ」と、動きの
成立とそれによって発生し、継続する状態の時間的な対立を表す
形式である。

(68)　ここに井戸が<u>ある</u>。

(69)　*明日ここに井戸が<u>ある</u>。

(70)　彼女は<u>美しくなる</u>。

(71)　昼間が段々<u>短くなった</u>。

(72)　これは<u>明日</u>もここに<u>あるだろう</u>。

(73)　<u>明日</u>は試験が<u>終わっているだろう</u>。

63

(74)　来年になると、彼は子供が二人いるよ。

(75)　明日の今ごろ、試験は終わっているよ。

(68)のように、発話時に継続している状態は現在として表現する。現在ある井戸は無くさない限り、明日も続いて存在する。未来とは、まだ現れていないが、未来になって現れるものであるから、未来の状態を表す表現があるとすれば、それには現在の状態が排除されなければならない。現在の状態が未来まで続くとしても、それを未来の状態としては表現しない。状態の表現は、現在と過去のように継続している状態の内部が確認されてできる表現であるが、未来の状態は、その状態が展開している時点でないと捉えられないものであるから、未来を表す表現としては存在できない。(69)が、未来になって現れる状態の表現ならば、非文になる。(69)は非文であるが、もしこれが現在から続く未来の状態を表す事象であれば、現在として表現しなければならない。

　状態の表現は、基本的に過去と現在の対立を表す。しかし、この状態が未来の表現になる場合もある。未来の表現ができるのは、事象が動きの成立として捉えられる場合であるが、状態を動きの成立を表すものに変えると、未来の表現は可能になる。(70)と(71)のように、状態を表す形容詞に「ナル」が付いてできる表現がそのような例である。状態の表現は確認できる事象に限って現れる表現であるので、現在と過去の表現しかできないが、未来の状態も推量の形を借りれば、確認する必要がなくなるので、未来の状

態の表現も可能になる。(72)と(73)のように、「だろう」が付いてでき
る表現がその例である。

　(74)と(75)は、現在の客観的な根拠から出てくる表現であるが、
その状態が実現されるのは未来であるので、未来の状態を表す表
現であるとも言えよう。しかし、未来の状態は話し手の意志で決め
られるようなものではない。従って、未来の状態を断定的に述べる
ことは自然ではない。話し手が未来の状態に対して、間違いない
と強く確信して表す場合、(74)と(75)のように、取るべき推量の形式
を略した表現が可能になる。これは特殊な場合に限り、こういう表
現がされることによって、事象に対する話し手の認識の仕方が示さ
れる。

(76)　負傷兵は<u>死ぬ</u>。

(77)　負傷兵は<u>死んでいる</u>。

(78)　負傷兵は<u>死にかけている</u>。

(79)　負傷兵はただ今<u>死んだ</u>(死んだところだ)。

(80)　彼は<u>結婚する</u>。

(81)　彼は<u>結婚している</u>。

動きの成立を表すものは動きの全体が捉えられ、時間的な幅が想
定される。動きの成立として表される事象に現在の表現ができない
のは、時間的な幅のある動きが現在という瞬間に納まらないからで
はない。それは、(76)～(81)に見られるように、動きが瞬間に成立

65

するため、動きの成立に時間的な幅のない「死ぬ、結婚する」など
の瞬間動詞においてさえも、現在の表現ができない事実からも明
確である。瞬間動詞の動きの成立は発話時のものとして捉えられ
ない。瞬間動詞の動きは、(78)と(79)のように、動きの成立に最も
近い時点を捉えて表す方法しかない。現在は、停止している瞬間
ではなく、継続する瞬間である。継続している現在(発話時)と対応
するものだけに現在の表現ができるが、それは状態として捉えられ
る事象のみである。現在は停止した一点ではなく、継続する一点
である。話す瞬間瞬間が現在である。これに対応できるのは状態
を表すものしかない。

　一般的に状態の表現は、状態が現在のものか過去のものかを
表す表現である。従って、状態の表現には、過去と現在の対立を
示す「タ」形と「ル」形という過去形と現在形が備わっていればよい。
これに対して、動きの成立が瞬間に成立するため、現在の表現が
できない動きの成立の表現は、過去と未来の対立を示す「タ」形と
「ル」形という過去形と未来形が備わっていればよいのである。「時
の表現」と関連して、過去・現在・未来という三時点があるのに、そ
れを表すのに「ル」形と「タ」形の二つの形式で十分なのは、動きの
成立を表す事象に過去と現在の表現が、状態を表す事象に過去
と現在の表現しかないからであろう。

　「時の表現」の基本的な体系を示せば【表2.2】のようになる。

【表2.2】

事象の種類	状　　態	動きの成立
時の表現の決定	状態の存在時 状態が捉えられる時点	動きの成立時 動きが成立する時点
形式の意味	シタ(過去) 発話時以前の状態	シタ(過去) すでに成立した動き
	スル(現在) 発話時の状態	スル(未来) これから成立する動き

　事象は状態として捉えられるか、動きの成立として捉えられるか
によって「時の表現」形式の意味が決定される。状態の表現は、状
態の存在時、つまり状態の捉えられる時点によって、過去と現在と
して位置づけられ、動きの成立の表現は、動きの成立時、つまり
動きの成立する時点によって、過去と未来として位置づけられる。
「時の表現」は事象レベルで決定されるものであるから、従来のよう
に、状態動詞の「ル」形が現在を表し、動き動詞の「ル」形が未来を
表すという捉え方は正しくない。動き動詞の「ル」形に現在を表す
場合もあるからである。「時の表現」は、状態の表現と動きの成立
の表現という枠組みの中で、その体系をなしていると言えよう。事
象が何を表すかを正確に捉えることが「時の表現」において何よりも
重要なことである。

第三章

二事象間における時間関係の
表現形式

1. 出来事の継起性と同時性

「ご飯を食べているのに、電話がかかってきた」というような場合において、「ご飯を食べる」と「電話がかかってくる」という二つの出来事の間における時間的な関係と、それから、「顔を洗ってご飯を食べた」というような場合において、「顔を洗う」と「ご飯を食べる」という二つの出来事の間における時間的な関係とは異なっている。つまり、ある一つの出来事が時の流れの中で位置づけられる際、他の出来事が、それに重なって現れる場合も、あるいは、それが終わってから現れる場合もある。二つ以上の出来事が重なって現

れると、これらの出来事は同時的なものとして捉えられるし、ある一つの出来事が他の出来事と時間をおいて現れると、これらの出来事は継起的なものとして捉えられる。このように、出来事は他の出来事と時間的な関係の中で位置づけられる。

　ここでいう「出来事」とは一つの述語で示されるものであって、一つの文で示される「事象」と必ずしも一致するものではない。一つの事象がいくつかの出来事から構成されることもある。本書では事象を単位として「時の表現」を捉えているが、本章での考察は一つの述語で表されるものが単位になるので、出来事という用語を用いる。また、二つ以上の出来事の間における時間的な関係を捉えており、一つの文に二つ以上の述語を用いる場合も、その時間的な関係を捉えることができるので、述語の形式が終止形である必要は必ずしもない。

　「電話をする」という出来事と「友達が来る」という出来事を時間的な関係から捉えると、次のような二つの表現が考えられよう。

(1)　電話を<u>した</u>。(後で)友達が<u>来た</u>。
(2)　電話を<u>していた</u>。(その時)友達が<u>来た</u>。

(1)の二つの文から考えられるのは、「電話をしたら、しばらくして友達が来た」というような場合である。これは「電話をする」という出来事と「友達がくる」という出来事が時間差をおいて継起的に起こった場合である。これに対して、(2)の二つの文から考えられるのは、

「電話をしている間に友達が訪ねて来た」というような場合である。
これは「電話をする」という出来事と「友達がくる」という出来事が時
間差を置かずに同時的に起こった場合である。つまり「友達が来る」
という動きの成立した時点に、「電話をする」という出来事が状態と
して継続しているのである。

　同じように、「論文を書く」という出来事と「提出する」という出来事
を時間的な関係から捉えたら、どうなるであろうか。

　　(3)　　論文を<u>書いた</u>。それを<u>提出した</u>。
　　(4)　　論文を<u>書いていた</u>。それを<u>提出した</u>。

論文を書いて、それを提出したならば、その表現としては、(3)が
可能である。(4)は、論文を書いている間に、その論文を提出する
ことはできないから、不自然な表現になる。論文を書く動きと、そ
の論文を提出する動きを同時に行うことはできない。

　二つの出来事が継起的なものとしてとらえられる場合と、同時的
なものとしてとらえられる場合との間には、述語の形式に違いが見
られる。二つの出来事の間の時間的な関係を表すのは「電話をし
た」「論文を書いた」のような前の出来事の述語であるが、継起的な
関係を表す場合には、(1)と(3)のように「シタ」が用いられており、同
時的な関係を表す場合には、(2)のように「シテイル」が用いられい
る。

　二つの出来事が継起的なものとして捉えられる(1)と(3)は、出来

事が動きの成立を表すものになっている。動きの成立を表す形式が継起性を表すのに関係している。これに対して、二つの出来事が同時的なものとして捉えられる(2)は、出来事が状態を表すものになっている。状態を表す形式が同時性を表すのに関係している。もちろん、これは動きの成立を表す出来事との関係から捉えられるのが一般的である。(4)のように同時的な関係が想定されない場合には状態を表す形式「シテイル」が用いられない。

　以上は、二つの出来事の間に、時間的な関係を示す語句がない場合であるが、次の(5)ように、二つの出来事の時間的な関係を直接に表す語句(「同時に」)がある場合は、その語句の意味が優先される。これは、形式以前の問題であるので、触れないことにする。

　　(5)　　彼女はピアノを弾いた。同時に歌も歌った。

　以下では、二つ以上の出来事の間に現れる継起性と同時性について考察したい。

2. 先行研究とその問題点

　寺村秀夫(1984：pp.144-6)は次のように述べている。

　～シタと、～シテイタの使い分けは、日本人にとってははっ
きりした違いのように思われるが、多くの外国人にとって、意
外にむずかしい点の一つである。たとえば次のような～テイタ
の使い方は外国人の作文によく見られるものである。

(6) (中国人学生の姫路の塩田温泉行きの紀行文。書写山
　　にのぼった後)
　「歩いておりましょうか」と于栄勝が提案した。
　「よし、その方がいい」とまず私が手をあげて賛成した。
　皆の意見が一致して歩いておりることになった。「どれぐ
　らいの時間がかかるか」ときくと、四十分ぐらいという。曲
　がりくねった道にそって、おもしろい話をしながらおりて
　きた。ふもとにもどって時計を見ると、二十分しか<u>かから
　なかった</u>。実は走っておりたのだった。
　　その夜、山ノ上旅館で<u>泊まっていた</u>。翌日の朝、早く
　起きて、山にのぼった。
　はじめの下線部は、日本人ならふつう「かかっていな
　かった」とするであろう。そしてあとのほうは、「泊まった」
　のほうがふつうであろう。

　まず、あとのほうから考えると、この筆者の考えは、「泊まっ
た」というのは7、8時間の長さをもつ時間内に継続したことだ
から、～テイルという継続の形の過去形を使ったのだ、という
のである。

　　　　　　　……中　　略……

　作文のように、「泊まっていた」とすると、読者の注意は、「そのあいだに何か起こったのか」という方向に向く。だから、たとえば、

(7)　山ノ上旅館ニ泊ッテイタ。夜中ニ地震ガアッテ、皆トビ起キタ。

というような文脈だと、〜テイタという表現は自然に受けとられる。

　　　　　……中　略……

　はじめの「かからなかった」のほうを考えてみよう。これは、「時計を見た」のが過去のことで、「二十分かからなかった」のは、その時点より前のことであるから、「二十分かかっ<u>ていなかった</u>」とするべきだ、という説明でよいだろう。

(6)では、「泊まっていた」ではなく、「泊まった」の方が自然なのを、外国人の中には動きの長さを考えて「泊まっていた」を使う人がいるし、また、「かからなかった」を使うと、「時計を見た」以前のことになるので、「時計を見る」時点に経過している時間を表すとしたら、「かからなかった」ではなく、「かかっていなかった」の方を使わなければならない、という指摘である。これは動きの同時性と継起性に関連することである。

　(6)は、「泊まった」「起きた」「のぼった」という動きが時間差を置きながら、継起的に起こったのを述べる内容である。(7)は、「泊まっている」間に「地震があり」、またその時に「とび起きた」のであり、一

74

連の動きが時間差を置かずに同時的(同時間内)に起こったという
ことを述べる内容である。

　(6)と(7)に見られるように、出来事と出来事が継起的に捉えられる
表現には「シテイル」はなく、「スル」が用いられているが、出来事と
出来事が同時的に捉えられる表現には「スル」だけでなく、「シテイ
ル」が用いられている。

　奥田靖雄(1988)は、出来事がお互いに時間的な関係を持って構
成されるということを次のように指摘している。

　　　ある一つの動作はみずからの内的な時間を持っていると同
　　時に、自分をとりまく、ほかの動作との時間的な関係の中に
　　あって、それがその動作の外的な時間をかたちづくってい
　　る。この内的な時間と外的な時間とはひとつに統一されてい
　　て、きりはなすことができない関係にあるだろう。
　　　文の集合はあたえられた対象的な活動の時間的な構造
　　を、つまりいくつかの動作の時間的な関係をさしださなければ
　　ならない。いちいちの文の中にさしだされる、いちいちの動作
　　は、この時間的な関係の構成者としての性格づけをうけなけ
　　ればならない。

奥田靖雄(1988)は、出来事の間に継起性と同時性という時間的な
関係が現れるのは、「スル」が点として、つまり、圧縮的にひとまと
まり的に捉えられるのに対して、「シテイル」が幅としておしひろげら

れて(拡張して)持続的に捉えられるからであると述べている。これ
は高橋太郎(1985)とほぼ同様である

(8)　　どこに行っていたのよ。三度も電話したのよ。

(9)　　12時になったら、きちんと寝るの。

　　　それまではお話するのよ。時計、私、見てますわ。

工藤真由美(1989)も、(8)と(9)に現れる出来事の同時性を、奥田靖
雄(1988)、高橋太郎(1985)と同じように捉え、出来事の間の継起
性・同時性は「スル」と「シテイル」に対する話し手の視点、とらえか
たの相違によるものであるということを認めている。しかし、この話
し手の視点、とらえかたの相違がどこからでてくるのか、つまり、な
ぜ運動(＝出来事)を、ある時は圧縮的(＝ひとまとまり的)に、また、
ある時は拡張的(＝持続的)に捉えるのかという疑問から、次のよう
に述べている。

　　シタを使うのは、出来事の連鎖を述べるときである。通時的
　パースペクティブにおいて、出来事の継起をのべるとき、時
　間の流れの中に次々と起こってくる出来事の連鎖のなかに、
　一つの出来事を配置するときは、スルであってシテイルをつ
　かうことができない。一方、シテイルは、この時間の流れをと
　めて、共時的パースペクティブにおいて、出来事間の共存＝
　同時性をのべるときつかわれる。この事実はアスペクトが、出

来事間の時間関係－継起、同時－を示す機能をもっていることを示している。

　　　　　……中　略……

　シテイルは単なる持続性ではなく、〈同時＝持続性〉を表すと考えなければならない。

工藤真由美(1989)は、「スル」と「シテイル」が持っている時間的な性格を個別的に述べている。しかし、これは出来事間の関係から捉えられたものではないので、出来事間の継起性・同時性の説明としては適切ではない。その理由として次の二つが挙げられよう。

　一つは、前述したように、「スル」が圧縮的(＝ひとまとまり的)なものであり、「シテイル」が拡張的(＝持続的)なものであると捉えることである。動きの成立の表現というのは、事象が持っている時間的な幅を、その長さに関係なく全体として時間軸に位置づけるものであるから、長い時間持続するものを圧縮して表現したのではなく、その時間的な幅の長さを考慮せずに、動きの始まることと終わることの全体をひとまとまり的に表現しただけである。また、状態の表現というのは、事象が持っている時間的な幅の長さは関係せず、ただ継続している状態の内部が時間軸に位置づけられるものであるから、短い時間の出来事でも、それを引き延ばし拡張して持続的に捉えるのではなく、事象を継続する状態内部の一時点で捉えて表現するだけである。状態の表現が持続性を帯びるのは、捉えられる時点の前後にも同じ状態が続いているからである。つまり、状

態の表現は結果として持続性を持つのである。

　もう一つ、工藤真由美(1989)には、継起性を表すものに用いる「スル」と同時性を表すものに用いる「シテイル」が、ともに用いられた場合、なぜ「スル」で表される継起性には関係なく、「シテイル」で表される同時性が優先的に実現するのかということが明らかにされていない。つまり、これは、一連の文の中で「シテイル」と「スル」がともに用いられた場合のその両者間の継起性と同時性に対する説明ではない。

　工藤真由美(1989)からは、「スル」が継起性を、「シテイル」が同時性を表すが、両形式がともに用いられた場合の同時性は、ただ「シテイル」が同時性を表すからであるとしか述べられていない。ここでは、「スル」と「シテイル」のどういう性質が、どういう環境の中で、こういう現象を生じさせるのかということが明らかにされるべきであろう。

3. 出来事間の時間関係とその表現形式

　二つ以上の出来事が同時的なものにもなり、継起的なものにもなるのは、事象が状態の表現と、動きの成立の表現として捉えられるからである。

　(10)　切手を整理していたら、彼が訪ねてきた。

78

　　(11)　急いで約束の場所に<u>行った</u>が、彼はすでに<u>帰ってし</u>
　　　　　<u>まった</u>。

(10)は、彼が訪ねてきたその時点に切手を整理しており、彼が訪
ねてくるという動きは切手を整理している間の時点に成立したもの
である。つまり、動きの成立した時点(彼が訪ねてきた時点)の前後
に、切手を整理していた状態が続いており、二つの出来事が同一
時点のものとして捉えられる。(11)は、約束の場所に着いたのは、
彼が帰った後だということを表すもので、行ったという時点と帰った
という時点の間には、継起的な意味しか存在しない。
　出来事が同時的なものとして捉えられるためには、ある出来事が
時間的な幅を持っているものとして捉えられ、他の出来事がその
中で実現するようになるものでなければならない。つまり、出来事
間の同時性というのは、複数の出来事が同一時点で捉えられると
いうことである。出来事が継起的なものとして捉えられるために
は、出来事が時間的な幅を持っておらず、他の出来事と同時性の
共有ができないものでなければならない。つまり、出来事間の継
起性というのは、複数の出来事が同一時点で捉えられないというこ
とである。
　状態の表現は、状態を捉える時点の前後にも状態の続いている
ことを表すものであるが、動きの成立の表現は、ある時点に納まる
動きを表すものである。つまり、状態の表現は、時間的な幅を持っ
ている状態内部の一時点を指して表すものであるから、指し示され

79

る時点の前後にも状態は存在することになるが、動きの成立の表現は、ある時点に始まるか終わるかという動きを表すものである。従って、状態の表現と動きの成立の表現が用いられる場合、一つの場面での表現であれば、実際の動きの時間的な幅とは関係なく、動きの成立を表すものと、状態を表すものとは、同時的なものとして捉えられるのである。動きとは、状態が継続している間に成立するものであるからである。状態の表現は持続の中で捉えられるものであるから、他の出来事がその状態の存在している間に現れることができる。

　工藤真由美(1989)が述べているように、「シテイル」が時間の流れを止めて出来事の同時性を表す時に使われるということはないであろう。一方の動きが成立する時点に、他方の動きの成立が持続する場合に、両者は同時的なものとして捉えられるが、動きの成立そのものに持続はないので、動きの成立を表すものだけでは動きの同時性を表わすことができない。動きの成立と関わる持続とは、もはや動きの成立ではなく状態なのである。状態を表すものは、動きの成立を表すものを、状態の持続する時間内に包含することができるから、同時性を表すことができるのである。

　「スル」と「シテイル」のように、動きの成立を表す出来事と状態を表す出来事の間の場合と、「シテイル」と「シテイル」のように、状態を表す出来事と出来事の間の場合に、同時性が表される。しかし、出来事が「シテイル」で表されれば、そのすべてが同時性を表すであろうか。以下、「シテイル」がどういう場合に同時性を表すか

80

を考えてみよう。

(12)　きのうは本も読んでいたし、ワープロも打っていた。

(13)　きのう私は本を読んでいたが、彼はワープロを打っていた。

(14)　彼を待っていたが、彼は私が帰ってから来たという。

(15)　彼を待っていたが、彼は約束時間より早く来た。

(16)　私は歩いてもいたし、歌も歌っていた。

(12)は、両方の出来事に「シテイル」が用いられており、昨日という同じ時間帯に行われたものであるが、この二つの出来事の間に同時性は認められない。これは、一人の動作主が二つの異なる出来事を同時に行うことができないからである。しかし、(13)のように、二つの出来事の動作主が違ってくると同時的なものとしても捉えられる。(14)は、二つの出来事が同じ時間帯のものではないから、最初から同時性は認められないが、(15)のように、同じ時間帯のものであれば同時的なものになる。結局、同時性というのは、二つ以上の出来事が同じ時間帯の中に現れ、その上に、各々の出来事が違う動作主を持つか、それとも、(16)のように、一人の動作主でも同じ時間に別々の動作が可能な場合に、捉えられるのである。

　(1)〜(9)では、主に動き動詞における同時性・継起性に関するものを取り上げたため、「スル」と「シテイル」の関係から捉えてきた。しかし、出来事間の継起性・同時性は、単純な状態を表すものとも、その関係が捉えられる。

81

(17) 山の上旅館に<u>泊まっていた</u>。(＝(7))

夜中に地震が<u>あって</u>、皆とび<u>起きた</u>。

(18) 彼女は<u>帰った</u>が、私は依然としてそこに<u>いた</u>。

(17)と(18)に見られるように、状態動詞の「あって」や、「いた」によっても、その時間的な関係は捉えられる。(17)の「とび起きた」は「泊まっていた」と同時的な関係にあるが、同時に「あった」とも同時的な関係にある。(18)の「帰った」も「いた」と同時的な関係にある。つまり、出来事の間の同時性は状態を表すものとの関係から捉えられる現象であり、「シテイル」という形式との関係から捉えられるものではない。

4. 結論

動きの成立を表す形式は「スル」で、状態を表す形式は「シテイル」であるというなら、「スル」と「シテイル」が用いられる文における継起性と同時性は、「スル」が動きの成立を表し、「シテイル」が状態を表すからであるというふうに捉えることもできる。しかし、状態を表す形式は「シテイル」だけではない。「スル」も状態を表す形式である。従って、出来事の間の継起性と同時性は、「スル」と「シテイル」という形態的な面ではなく、事象が状態を表すのか、それとも、動きの成立を表すのかという事象の内容から、その関係が捉えられるべきであろう。

第四章

状態の表現における「ル」形と「タ」形

1. 状態の表現における「ル」形と「タ」形の意味とその近似性

1.1. 問題設定

状態を表す表現の中には、次の(1)～(3)のように、ある客観的な状態(事実)が発話時である現在に継続しているにもかかわらず、それを「ル」形でも「タ」形でも言えるものがある。

 (1) a. この道は昔から<u>ある</u>。

 → b. この道は昔から<u>あった</u>。

(2)　a．この建物は二ヶ月前から<u>建てている</u>。

　→　b．この建物は二ヶ月前から<u>建てていた</u>。

(3)　a．彼は小学生の頃からこの家に<u>住んでいる</u>。

　→　b．彼は小学生の頃からこの家に<u>住んでいた</u>。

(1)～(3)は、現在の状態を表すものであるから、a．のように、「ル」形を用いるのはきわめて自然である。しかし、b．のように、「タ」形を用いても、その状態が現在まで続いていることを表すことはできる。(1)～(3)では、「ル」形と「タ」形の両形式が、ともに現在の状態を表していると言えそうであるが、これは、「ル」形と「タ」形それ自体が同じ意味を表しているからではない。

　「タ」形は過去を表す形式であるから、現在を含まない過去だけの状態を表す場合もある。(3)で、今はその家に住んでいないことが明確な場合、例えば、昔住んでいた家の前を通りながら話すときのように、その状態が現在まで続いていないことが明確な場合、それは現在の状態にならないので「ル」形を用いることはできない。

　「タ」形は過去を表す形式であるとされるのが一般的である。しかし、(1)～(3)のb．に見られるように「タ」形を用いたからといって、その状態の意味が過去だけを表すとは限らない。

　状態の表現において、「ル」形が現在を表し、「タ」形が過去を表すというように「時の表現」の形式は一定した意味を持っていることによって、その役割を果たすのである。しかし、(1)～(3)のように、対立する二つの形式で、一つの場面を表せる表現もあり、その説

84

明が要求される。

　こういう表現については、既に、三上章(1953)、寺村秀夫(1984)、高橋太郎(1985)など、多くの先行研究によって述べられている。しかし、何れも「ル」形と「タ」形の両形式が用いられる理由を、それほど明らかにしてはいないと思われる。

　そこで、まず、先行研究の問題点を明かにし、それを踏まえて本書の考え方を述べることにする。

1.2. 先行研究とその問題点

　三上章(1953：pp.222-3)は、「テンスの対立は客観と主観との両方に沿ってあらわれる」と言い、「テンスの問題」の「心理的な完了と未了」のところで、次のように述べている。

　　心理的な完了と未了との対立は、主として未完成的な動詞にあらわれる。客観的事実としてはほとんど違わないか、或いは全く違わなくても、それを経験として報告する(間接的に)か、知覚として表出する(直接的に)か、そういう主観的相違によってテンスを変える。
　(4)　コノ椅子ハ先刻カラココニアッタ
　(5)　コノ椅子ハ先刻カラココニアル
　　初の方は「先刻カラ」に重点があり、後の方はそこに重点がないという説明も成立ちそうである。

……中　略……

　　客観的に事実を報告する過去形と、主観的な知覚や主張
　　を表す現在形とは文章体でヒンパンニ混ぜ用いられる。

(4)は、(5)と同じように、椅子がいま現在ここにあるということを表し
ており、(4)(5)ともに現在の状態(事実)から捉えられる表現である。
「タ」形で示される状態は過去を表すが、(4)では「タ」形が現在の状
態まで表している。それは、文中の何かの要素が、働いているた
めであるが、その要素が「先刻カラ」であるということは容易に指摘
できる。しかし、三上章(1953)には、「先刻から」があるからといっ
て、「タ」形で現在の状況まで表現できる根拠は指摘されていな
い。文中に「先刻から」のような要素がある場合、「タ」形を用いて
も、なぜその状態が現在まで持続していることになり得るのかという
点を明らかにしなければならない。

　また、三上章(1953)は、過去形は客観的な事実の報告であると
述べているが、現在形も客観的な事実の報告に用いる。(4)と(5)
は、発話時(現在)に客観的な事実として存在する状態に対する表
現であるから、現在形で表されたものを客観的な表現でないと捉
えるのは妥当ではない。何れにしても、客観的な事実の報告には
過去形で、主観的な知覚や主張には現在形を用いるというのは、
両形式が用いられる理由に対する正しい指摘とは言えない。

　寺村秀夫(1984：pp.85-88)は「状態の継続ということについて」
で、次のように述べている。

(6)　a.叔母ハ病気デス

　　　b.今日ハ暇ダ

　　　c.父ハ京都ニイマス

　のように、日本語の状態的述語の基本形は、発話時(すなわち現在)にある状態が存在することを表すこと、先に見たとおりであるが、これらの形は、また、

(7)　a.　叔母ハ先月カラ病気デス

　　　b.　コノ一週間ハズット暇ダ

　　　c.　父ハコノ十年来京都ニイマス

のように、ある種の副詞句を伴うと、ある過去から現在まで継続していることも表すことができる。

　　　　　　……中　略……

日本語では、(6)(7)のように、現時点での状態も、過去から現時点までの状態の継続も、同じ基本形で表すことができる。この点は、基本形に限ったことではなく、過去形についても同様であることに注意しなけれならない。

(8)　a.　叔母ハ先月カラ病気デシタ

　　　b.　コノ一週間ハズット暇デシタ

　　　c.　父ハコノ十年来京都ニイマシタ

　上の過去形が、副詞の類に助けられて、状態の継続を表わしていることは明らかである。

　　　　　　……中　略……

(7)の方は、「現在まだその状態が続いている(そしてこの後も

その状態が続くという含みがある)」という意味であるのに対し、(8)の方は「もうそのことは過ぎ去ったことだ」という意味にとれる、というのである。だから厳密にいえば、(8)の方は「過去から現在まで続いた状態」というのではなくて、わずかな時間にせよ現在の瞬間からはなれた過去に属する時点までの状態というべきなのかもしれない。

……中　略……

状態的述語が「キノウ」のように過去の時を示すことばと共に過去形で使われた場合は、とにかく(現在とは切りはなされた)過去のある状態について述べている。というだけで充分である。そして、「キノウカラ」「コノ一週間」のように、過去から現在までの時間の幅を示すことばと共に使われた場合は、一基本形が「今もそうだ」ということを表わしているのに対して過ぎ去ったことだと見ていることを表わすというのが自然な解釈だと思われる。「重点のおきかたの違い」というのは、視点がある過去から現在までの時間の幅の、端、つまり現在にある点では同じだが、いわばその話し手の視線が現在に向けられているか、過ぎ去ったかなたに向けられているかの違いというふうにいうこともできるだろう。

寺村秀夫(1984)は、現在を表す基本形は、(6)のように「現在にある状態が存在すること」と、(7)のように「ある種の副詞句を伴うと、ある過去から現在まで続いていること」とを表すと述べ、(6)と(7)が表す

状態を異なったもののように捉えている。これは状態における現在
の表現を正しく捉えた説明ではないと思われる。基本形が表すの
は現在の状態である。しかし、現在の状態というのは、発話時に
持続しているものであり、それは他ならぬ過去からの続きである。
別にある種の副詞句を伴わなくても、現在の状態の表現は、過去
から現在まで続いている状態を表す。従って、(6)と(7)は、全く同
じ状態の表現であると言わなければならない。これは次の(9)のよう
な一連の対話からも明らかになる。

(9)　　A-1.　叔母さんはどうしたんですか。

　　　　B-1.　叔母は病気です。

　　　　A-2.　いつからですか。

　　　　B-2.　先月からです。

(9)に見られるように、単に「叔母は病気です」と言っても、「いつか
らですか」という質問とその答えとしての「先月からです」が自然に出
てくる。別に過去を表す要素がなくても、現在の状態を表す表現
には、常に以前(先月)からという意味が含まれている。つまり、現
在の状態は過去からの続きであるから、A-2.のように、現在の状態
に接して、それがいつからであったかという過去のことが質問でき
るのである。

　(6)と(7)は、現在の状態を表す表現であるから「ル」形を用いるの
は自然である。しかし、ここでは、(8)に「タ」形が用いられているに

もかかわらず、(7)と全く同じ状況を表せるという点を明らかにしなければならない。いま現在、健康な人を紹介し、「実は先月から病気でした」と言ったら、現在その状態は続いていないことになる。しかし、「実は先月から病気でした」と言っても、いま現在健康であるという条件(病気から回復していること)が示されない限り、その状態は現在まで続いていることになる。同じように、(8)は、他の条件によって、状態の終わったことが示されない限り、文中の副詞句の機能によって、その状態が現在まで続いている表現になる。従って、(8)は(7)と全く同じ状況で用いられる表現であると言える。寺村秀夫(1984)のように、(8)が現在の瞬間から離れた過去に属する時点までの状態であると考えるのは、これらが単に過去形であるからであって、全く同じ内容が二つの形式で表現できる理由に対する説明にはならない。(8)に「タ」形を用いるのは、これらが過去の状態として捉えられているからではない。(8)も、(7)と同じように現在の状態を表す表現になり得るのである。

　寺村秀夫(1984)は、過去形であるから視線が過ぎ去ったかなたに向けられていて、現在形であるから視線が現在に向けられているというような捉え方もしている。しかし現在の状態はすべて過去からの続きであるから、もし寺村秀夫(1984)の説明に従うとしたら、現在の状態を見る視線は、過去に向けることも現在に向けることも自由にできてしまい、現在の状態は、結局「ル」形でも「タ」形でも表現可能になるという矛盾が生じる。また、寺村秀夫(1984)は「過去から現在までの時間の幅を示すことばと共に使われた場合は、

90

過ぎ去ったことだと見ていることを表すというのが自然な解釈だ」と述べているが、現在の状態が過去からの持続であることを考えると、過去から現在までの時間の幅を示す言葉とともに使われた場合の表現は、過ぎ去ったことを表すのではなく、むしろ現在のことや現在を前提にしたそれ以前を表すのであると捉えるのが自然であろう。こういう表現に「ル」形を用いるのは自然に思われるが、「タ」形を用いるのは、「タ」形でも、過去の状態が現在まで続くことを表すことができるからである。以上のことから、寺村秀夫(1984)でも客観的に同一の状況が、なぜ「タ」形でも「ル」形でも表現可能であるのかという点が正しく指摘されていないと言わざるを得ない。

1.3. 状態の表現における「ル」形と「タ」形の意味

以上見てきたように(4)と(5)、(7)と(8)に対する三上章(1953)、寺村秀夫(1984)の捉え方では、その問題点は解決されていない。それでは、こういう表現はどう捉えるべきであろうか。これらは状態の表現であるから、まず状態の表現を改めて吟味し直すことが考えられる。つまり、状態の表現における過去と現在、即ち「タ」形と「ル」形の対立が、どういうものであるかを考察する必要がある。

(10)　彼はいま部屋に<u>いる</u>。

(11)　彼女は隣の部屋で本を<u>読んでいる</u>。

(12)　彼は部屋に<u>いた</u>。

91

(13)　彼女は図書館で本を<u>読んでいた</u>。

(10)と(11)は、以前から継続していた状態を基準時(現在)のまだ変わっていない段階で捉える表現である。(12)と(13)も、以前から継続していた状態を基準時(過去)の変わっていない段階で捉える表現である。現在として表現される状態は、現在(発話時)にその状態が終わっていないものであり、過去として表現される状態は、過去(表現される状態に接した時点)にその状態が終わっていなかったものである。このように、状態の「時の表現」というのは、状態の持続の中で基準時の状態を位置づけて捉えるものであるから、過去の状態を表す表現と同じように、現在の状態を表す表現も、過去から継続している状態の中で捉えられるものであることに注意すべきである。結局、状態の表現における「ル」形は、継続している状態を現在の存在として表す形式であり、「タ」形は、継続している状態を過去の存在として表す形式であるということになる。

　状態の表現は、ある状態に接した時点を示しているものであるが、それ以外、何も示していないものでもある。つまり、状態の表現はその状態がいつ始まっていつ終わったか(あるいは、いつ終わるか)を問題にしない表現である。現在の状態を表す表現は、状態に接した時点が発話時であることを表すだけである。ただし、発話時の状態というのは、その状態が発話時と対応して存在することを意味する。現在の表現が状態でなければならないのは発話時と対応できるのが状態だけであるからである。当然、現在の状態は

過去から継続する状態である。過去の状態を表す表現は、状態に接した時点が過去であることを表すだけであり、それ以外には何も示さない。つまり、過去の状態の表現は、状態が、それに接する以前から続いて、まだ終わっていない段階で捉えられるものであるから、その終わっていない状態は、その後のある時点まで持続することになる。従って、「タ」形で表される状態は、それが現在まで持続していない場合もあるが、現在まで持続している場合も想定することができる。

　「タ」形の状態の表現と現在との関係を、(14)〜(16)のa.とb.の対話から見てみよう。

(14)　a. 田舎には昔それがあったよね。
　　　b. うん、今もあるよ。　　　→現在まで続く状態
　　　　（うん、しかし、今はないね。→現在まで続かない状態）
(15)　a. あなたは昔あれをしていたよね。
　　　b. うん、今もしているよ。　→現在まで続く状態
　　　　（うん、今はしていないよ。→現在まで続かない状態）
(16)　a. 昔は恐竜が存在した。
　　　b. 今も存在するよ。　　　→現在まで続く状態
　　　　（今は存在しないよ　　　→現在まで続かない状態）

a.では、昔あった状態が現在まで持続しているかどうかを知らないが、その状態に接した時点が過去であるから、「タ」形を用いてい

る。しかし、b.では、その状態が現在まで持続していることを知っているから、a.においては過去の状態であるものを、「ル」形を用いて、現在の状態として表現している。つまり、a.は、過去の状態だけを言っているが、b.によって、その状態が現在にまで持続しているものであることが示される。これは、過去の状態を表す表現は状態に接した過去の時点だけを捉えて言うものであるが、その状態が現在まで続く場合もあるということを意味するものである。

　以上をまとめると次の【図4.1】と【図4.2】のようになる。

【図4.1】

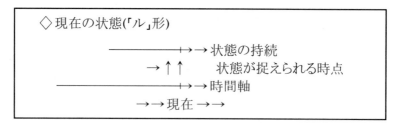

【図4.2】

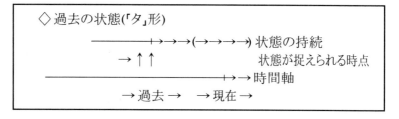

【図4.1】と【図4.2】に示したように「ル」形が表す状態は、過去から現在に至って、まだそれが終わっていないものであるが、「タ」形で表す状態は、現在のことを言わないだけであって、その状態が現在まで続いていても続いていなくても構わないものである。【図4.2】の中の→→(→→→)において、矢印は状態の持続きを示し、括弧はその状態が続いている場合も続いていない場合もあるということを示す。つまり、「タ」形は、過去の状態だけを表すものであるが、その状態が現在まで継続していることに関して非明示的であるため、「タ」形の表現は、過去の状態が現在まで続く可能性を内包するものではない。過去の状態が現在まで継続しているということが何等か要素によって示されるとすれば、「タ」形は、「ル」形と同じように、現在までの状態を表すことになる。文に示される何等かの要素というのは、過去の状態が現在まで継続していることを示してくれる要素である。その要素が(1)〜(3)、(4)、(8)の文中にある「〜から」である。(4)と(8)で、「タ」形が現在の状態を表すのは、「タ」形が持っている非明示的な部分を、「〜から」という文中の要素が明らかにしてくれるからである。状態が現在まで続くか否かについて非明示的である「タ」形の表現に、「〜から」が共起することによって、その非明示的な部分が明示されるのである。

　(1)〜(3)のような対は、異なる意味を持っている「ル」形の状態表現と「タ」形の状態表現とが、その他の要素がもたらす意味によって、文全体としては非常に近似した意味を表すようになる例である。しかし、「ル」形と「タ」形はそれぞれ異なる意味を持っている。

もし、これらの文に「～から」のような要素がない限り、「タ」形の表現で、その状態が現在まで継続していることを明示的に表すことはできない。

(17) a. 昔からそこに井戸が<u>あった</u>。

→ b. 昔からそこに井戸が<u>ある</u>。

(18) a. 昔そこに井戸が<u>あった</u>。

≠ *b. 昔そこに井戸が<u>ある</u>。

(19) a. K先生は5年前からT大学に<u>いた</u>。

　　(今は他の大学にいる)

≠ b. K先生は5年前からT大学に<u>いる</u>。

状態の表現においては、(17)のように、その状態がなくなったという終了点を示さず、始発点だけを示す場合、「タ」形でも「ル」形でも表現できる。これは、始発点だけがあって、終了点がないことから、状態が現在まで持続していることを示してくれるからである。現在までという時間的な幅がわかる限り、状態は始発点からまだ終わっていない現在まで持続しているものになり、過去の状態を表す形式でもその状態が現在まで継続していることになる。過去を表す「タ」形を用いても、その状態が現在まで継続していることを示すのであれば、一つの状態を二つの形式で表現しても不自然ではない。しかし、(18)のように、過去しか示さない「昔」があるだけで、現在までという状態の時間的な続きを示す「～から」のような要素がな

96

ければ、それは過去の状態を表す表現にしかならないので、「ル」形を用いることはできない。つまり、(18)は、現在の状態から、過去の状態を問題にする表現にもならないし、また、「タ」形をもって現在の状況を表すような表現にもならない。ただし、(19)のように、「五年前から」という始発を表す要素が示されていても、その状態の終了したこと(K先生はもはやT大学にいないということ)が話し手、聞き手の間に了解されている場合、その状態は現在まで続いていないことになり、これに「ル」形を用いることはできない。

　以上は、「タ」形が現在の状態に関して非明示的であるという点と、「ル」形が過去から継続している状態を表すという点から生じる現象である。従って、(17)のように、現在の状況を表すときには両形式の使用が可能になる場合もあるが、(18)と(19)のように、現在には継続しない過去の状態を表す場合には「ル」形の使用が不可能である。

　以上のように「ル」形と「タ」形が異なる意味を持っていながら、その他の要素によって近似した意味を表すのは状態の表現の場合であった。さて、動きの成立を表す表現はどうであろうか。

　(20)　今度の夏休みには旅行に<u>行く</u>。

　(21)　今度の夏休みには旅行に<u>行った</u>。

　(22)　私は大学院の二年次に論文を<u>書く</u>。

　(23)　私は大学院の二年次に論文を<u>書いた</u>。

動きの成立の表現における「ル」形と「タ」形は、現在である発話時に、まだ成立していない動きか、それともすでに成立してしまった動きか、ということを表すものであるから、(20)～(23)のように、動きの成立する時点(発話時の以前か以後か)が明確な事象においては、状態の表現のように、「ル」形と「タ」形が異なる意味を持ちながら、近似した意味を表すことはない。つまり、「行った」「書いた」という「タ」形の意味が、文中の他の要素によって、「行く」「書く」という「ル」形が持っている意味を表すことは有り得ない。これは、「ル」形と「タ」形が持っている時制的な対立のあり方が状態の表現の場合と動きの成立の表現の場合では異なっていることを意味する。つまり、状態の表現における「ル」形と「タ」形の対立と、動きの成立の表現における「ル」形と「タ」形の対立は、その意味内容が異なっているのである。

1.4. 結論

「タ」形による状態の表現は、「過去のある時点において、ある状態であった」という意味しか持っていない。即ち、現在時においてどのような状態であるかについて、基本的には非明示的である(即ち、文中の他の要素や、前後の文脈などの、他の条件が決まらない限り、決まらない)。一方、「ル」形による状態の表現は、「現在時において、ある状態である」という意味しか持っていない。この意味で、「タ」形の状態の表現と「ル」形の状態の表現とは、明らか

に異なる意味を持っており、「「タ」形が過去のことを表し、「ル」形が現在のことを表す」という点においては自然な対立を示していると言える。

「タ」形の状態の表現は現在時の状態について、また「ル」形の状態の表現は過去の状態について、それぞれ非明示的である、という点に注意すべきである。このことは、「タ」形の状態の表現も適切な他の条件が揃って、それぞれ非明示的な部分の意味が定まれば、「過去のある時点から現在まで、その状態が継続している」という意味を持ち得ることを示している。本書が問題にした(1)〜(3)における対は、まさにそのような意味を「タ」形の状態の表現と、「ル」形の状態の表現とがともに実現している例である。

先行研究の指摘のように、「時の表現」は様々な要素が関わって決定される。しかし、先行研究には、客観的に同一の状況が、「タ」形でも「ル」形でも表現できる根拠が明らかにされていない。それを明らかにするためには、まず、事象がどういう事象であるのか、つまり、状態の表現であるのか、動きの成立の表現であるのかを区別した上で、状態における「ル」形と「タ」形がどういう対立を持つものであるのかということを考察しなければならない。

従って、本節で取り上げた現象は、状態の「時の表現」における「ル」形と「タ」形が持つ対立的な意味を明確に保っているもので、「時の表現」の例外ではない。状態の表現における「ル」形と「タ」形の対立、そして、動きの成立の表現における「ル」形と「タ」形の対立は、その意味が異なっていることが明確に説明される必要がある。

2. 発見・思い出しにおける「ル」形と「タ」形

2.1. 問題設定

　ずっと探しているものや、忘れていたものが、部屋を掃除していて見つかった場合、あるいはカレンダーを見ていて忘れていたある日を思い出した場合や、前に会ったことのある人の名前を思い出した場合、こういったことは、現在である発話時に存在している事実(状態)であるのに、(24)〜(26)のように、「ル」形(本節では「アル」「ダ」をさす)だけではなく、「タ」形(本節では「アッタ」「ダッタ」をさす)がその表現に用いられる。

　　　(24)　a. あっ、見つかった。ここに<u>ある</u>。
　　→　b. あっ、見つかった。ここに<u>あった</u>。
　　　(25)　a. あ、彼の出発は明日<u>だ</u>。
　　→　b. あ、彼の出発は明日<u>だった</u>。
　　　(26)　a. あ、彼の名前は田中<u>だ</u>。
　　→　b. あ、彼の名前は田中<u>だった</u>。

(24)は、現在時に存在する事実を見て、その状態をいままで探していたものとして捉えて言う表現であり、(25)と(26)は、現在でも有効であると思われる事実を、思い出したものとして捉えて言う表現である。(24)は発見の表現、(25)(26)は思い出しの表現と言われる。

　(24)～(26)は、存在している事実が現在時に継続しているので、a.のように、「ル」形による現在の状態としてのみ表現することが予想されるが、b.のように、「タ」形を用い、過去の状態としても表現する。「タ」形で表現しても、その事実は現在時にも継続していることが排除されない。

　こういう表現は現在の事実にもとづいてなされるものであるのに、なぜ、「ル」形だけでなく「タ」形がともに用いられるのであろうか。

　(27)　あっ、向こうに島が<u>ある</u>。

　(28)　あっ、向こうに島が<u>あった</u>。

　(29)　あっ、島<u>だ</u>。

　(30) *あっ、島<u>だった</u>。

　発見の表現は、発見されたものの存在事実が、話し手にとって、既知である場合も、また、未知である場合もある。(24)は、話し手が以前から知っていたものを発見した場合の表現であるが、(27)～(29)は、話し手が発見したものの存在事実を初めて知った場合の表現である。

　発見の表現は、状態動詞「アル」と断定助動詞「ダ」で表すが、(27)と(28)のように、状態動詞「アル」の場合は、「ル」形と「タ」形がともに用いられ、(29)と(30)のように、断定助動詞「ダ」の場合は、(25)と(26)の思い出しの表現と違って、「タ」形が用いられず、「ル」形だけが用いられる。

　本節では、発見と思い出しの表現に用いられる「ル」形と「タ」形が持つ意味と、これらの表現に状態動詞「アル」と、断定助動詞「ダ」が用いられる場合に現れる違いについて考察する。

2.2. 先行研究とその問題点

　現在の事実から捉えられる事象に、二つの形式を用いる発見・思い出しの表現については、三上章(1953)、寺村秀夫(1984)、高橋太郎(1988)などの先行研究に述べられている。しかし、これらの研究が「ル」形と「タ」形の用いられる理由を明らかにしているとは思えない。

　三上章(1953：pp.224-5)は、「テンスの問題」の「期待の有無」のところで、次のように述べている。

　　　期待の有無というのは、
　　(31)　ア、ココ(自分の手のうち)ニアッタ。長イコト探シテキタ
　　　　　ないふガ
　　(32)　オヤ、ココニオレノ歌ヲホメタ批評ガアル。タッタ二三
　　　　　行ダガ
のような対立で、ナイフや批評のあり方自身には時間的差異はないのであるが、見つけ方に心理的相違がある。視覚としては同一な現象を或いは「見エタ」と言い。或いは「見エル」と言分けるのも同様な心理的相違による。

102

(31)と(32)は、両方とも現在の事実を捉えて言う表現であるのに、「タ」形と「ル」形がともに用いられている。「時の表現」に心理的な要素が関わってくるということは三上章(1953)の指摘の通りである。心理的な相違から、ある一つの状況が「タ」形でも「ル」形でも表現できるとしたら、その関係を明らかにしなければならない。「時の表現」というのは、「ル」形と「タ」形という形式でもって使い分けられるものであるが、心理的な相違により、「ル」形と「タ」形が自由に用いられるとしたら、その関係を明らかにしない限り、「時の表現」形式に対する規則的な体系を捉えることは不可能である。

　寺村秀夫(1984：p.77)は、こういう現象について次のように述べている。

　　客観的には同じ事実を前にしても話し手の心理によって両形の選択が決まる場合が決して珍しくないことである。たとえば、消しゴムを探していた子が、ひき出しの中に探し当てて、
　　(33)　ア、アッタ
　　　　　と言う。眼前にものが存在するのだから、
　　(34)　[消しゴムが]アル
　　と言ってもよい(「間違い」ではない)わけだが、(33)と(34)では、話し手の、その事態に対する見方、心理状態が違う。
　　(35)　アナタ、オ国ハドチラデシタカネ
　　のような例も、よく引き合いに出される。こういうことから、日本語の基本形、過去形の使い分けは、テンスとかアスペクトとか

103

　　いった客観的な事象に対するものではなく、もっぱら話し手の
　　見方、認識の仕方、心理状態によるものである。という考え方
　　がでてくる。

寺村秀夫(1984)は、(33)と(34)の違いが話し手の見方によるもので
あると指摘しているが、これは三上章(1953)とほぼ同じ捉え方であ
ると言えよう。
　　上記とはやや異なる捉え方であるが、寺村秀夫(1984：p.91)は
次のようなことも述べている。

　　(36)　私がこの温泉宿をふたたび訪れたのは、あれから十
　五年ほどたったつい今年の初夏のことである。
　　(37)　私たちが山荘跡に出かけたのは翌日の午前だった。
　　(38)　私たちが林間の窪地に山荘の焼け跡を見つけたの
　は、それから二時間ほど後である。
　　ここで焦点部分に基本形を許す日本語の'論理'は、コトが
　過去であっても、焦点部分についての話し手の判断は現在の
　ものであるから、ここは現在時制でよいのだ、ということであろ
　う。

寺村秀夫(1984)の指摘の通り、(36)〜(38)は、話し手の主観によっ
てその形式が決められる表現である。しかしこれらは、客観的な事
実に対する表現であるが、話し手の主観がどう働いたために、この

ような形式の違いが生じたのかという点が明らかにされるべきであろう。(36)〜(38)は、過去のある事実に対する表現で、現在から見て過去の出来事であるから、「タ」形を用いて表現することができる。しかし、その出来事が起こった時点を示す＜つい今年の初夏＞＜翌日の午前＞＜二時間ほど後＞などは、現在時の事実として捉えられるものであるので、「ル」形を用いて表現することもできる。

　述部が「時の副詞句＋ダ」になっている表現は、出来事の観点から考えると、出来事の時間的な性質によって過去・現在・未来の表現になり得るが、時の副詞句の観点から考えると、時の副詞句が現在時における時間的単位として用いられるものであるので、現在の事実として捉えることができる。「昨日死んだ」は「死んだのは昨日だ」のように表現できるが、このように、「イツ〜シタ」が「〜シタのはイツだ」に置き換えられるのは、時の副詞句による叙述が現在時の断定であるからであろう。「明日行く」が「行くのは明日だ」に置き換えられるのも、同じように説明できるであろう。

　高橋太郎(1988：p.32)は、「ムード性の変質とテンス」で、次のような例を挙げて、同じことを述べている。

(39)　あった。あった。なあんだ、こんなところにつっこんであったんだ。

(40)　朝子「いた」康「兄ちゃーん」康、あにたちのほうへとんでゆく。

(41)　先生のクラスに浅井吉男という子がいましたね。

(42)　(おもいだし)ああ、そうだ、手りゅう弾があった。

(43)　ああ、きょうは会議がありましたね。

(44)　きょうは、お誕生日でしたね。

高橋太郎(1988)の指摘の通り、(39)～(44)は発見・確認・思い出しなどを表す表現である。高橋太郎(1988)は、発見というのは認識の表現で、(39)～(44)が「タ」形で表されるのは、発見という認識が発話の直前に成立したからであると指摘している。前述したように、これらは「ル」形を用いても同じ意味として捉えられるものであるから、認識がいつ成立したかということで説明するのは適切ではない。これらは、現在である発話時に継続している事実から捉えられる表現で、現在の事実がなくなることはない。従って、ここでは「ル」形の用いられることが予想される表現であるのに、「タ」形が用いられる理由を明らかにしなければならない。

　以上、三上章(1953)、寺村秀夫(1984)、高橋太郎(1988)の三つの指摘には、「ル」形と「タ」形という両形式の使い方と話し手の主観がどう結び付くのかという点について全く触れられていない。

　寺村秀夫(1984：pp.77-8)は「時の表現」に関連して次のように述べている。

　　述語の形と時との関わりを観察し、体系的に記述するためには、事実に密着して、それを客観的に描こうとする場合－

106

　　叙実的用法－と、事実を話し手がある特別な心理状態で見、
　　その事実に対する自分の反応を表そうとする場合－叙想的用
　　法－とに分けて考える必要がある。

寺村秀夫(1984)の指摘のように、「時の表現」には事象に対する話
し手の認識の仕方が重要な要素として関係してくる。しかし、これ
は、(31)～(44)の分析に際し、念頭におくべき事項ではあるが、こ
の現象に対する直接的な解釈にはならない。さらに、「時の表現」
を客観的なものと主観的なものに分けるからといって、その二つに
「時の表現」の別の体系が立てられることはない。主観的な表現に
用いられる形式と客観的な表現に用いられる形式が、「時の表現」
において別の意味を持つことはない。例えば、「ル」形を、主観的
な表現に用いたとしても、あるいは客観的な表現に用いたとして
も、それが状態を表すものであれば、その「ル」形は現在の状態と
いう一つの意味しか表さない。
　「時の表現」形式はある一定の意味を持っている。ある形式が何
を表すかということは、なぜその形式でそれが表されるのか、つま
り、その形式でなぜそこまで表現できるのかという問題で、これが
形態的な違いから捉えられる「時の表現」の分析の対象になるべき
であろう。ある形式がムードを表すからであるとか、アスペクトを表
すからであるとか、テンスを表すからであるとかということでは、事
象を最終的に分析することができない。
　状態の表現は、継続するものを終わっていない段階で捉える表

現である。「タ」形も終わっていない時点での状態を捉える表現である。「タ」形で捉える状態は過去を表しているが、それはまだ終わっていない状態であるから、捉えられた以後、その状態がいつまで継続したかに対しては非明示的である。つまり、「タ」形で捉える状態は過去のものであるが、それが現在まで継続する可能性は排除されないのである。これは、ある条件が文脈に整えば、「タ」形でも現在の状態を表せるということを意味する。現在の状態にもとづく表現であるのに、過去の状態を表す「タ」形が用いられて、それが現在の状態を表すのは、このためである。従って、状態の表現において、「ル」形が現在を表し、「タ」形が過去を表すという捉え方は、そのまま有効である。

2.3. 発見・思い出しにおける「ル」形と「タ」形の意味

三上章(1953)、寺村秀夫(1984)、高橋太郎(1988)が挙げている例は、「タ」形で表されていても、現在時に存在する事実にもとづくものである。

現在の表現になる状態は、過去からの続きで、目の前に展開されているものである。しかし、発話時に展開されているものを見て、以前の状態を問題にする場合がある。一つは、「〜から」というような起点を表す時の副詞句によって示される表現である。これは現在の状態からそれ以前の過去の状態を特別に問題にする場合である。これは、前節で述べたように、現在の状態が過去からの

続きであるということから、過去の状態に始発点を明示することによって現在までその状態が終了していない(即ち、現在にも継続している)ことを表す場合である。もう一つは、発見・思い出しのように、過去の事実が現在の状態(事実)によって位置づけられる場合である。これも、現在が過去からの続きであるからできる表現である。

　発見というのは、見つかって存在している現在の事実から、見つかる前の過去の事実を表すものであり、思い出しというのは、思い出した時点でその事実は現在にも継続していることになるが、発話時以前の過去の事実を表そうとした表現で、過去の事実を言うことによって、現在の事実を確認するものであると言える。両方ともに、事象は過去の事実を表すものとして表現されながらも、それが現在の事実を排除することはない。事実の過去の部分を示そうとして「タ」形を用いるが、その事実は現在時に有効であるという前提から捉えられるものである。ある事実が現在でも有効であるということが動かない状況の中で、「タ」形を用いることによって、現在とつながっている過去の事実を表すことになるが、それが発見・思い出しなどの表現効果をあげる。

　発見・思い出しというのは、現在の事実が認められる条件の下で「タ」形を用いることによって、過去の事実を問題にする表現であるが、これが発見・思い出しなどの意味になるのはどうしてであろうか。

　発見というのは、知らなかった事実を知るようになったということ

109

であるが、現在の事実から知らなかった過去の事実がわかってくることであるから、未知の過去は現在の事実から発見されたものとして捉えられるのである。つまり、現在は過去の続きであるが、その続きである過去の事実が、現在の事実から逆に明らかになるということである。従って、現在の事実から過去の事実を表すことによって、過去の事実は現在の続きであったことが示される。

　思い出しというのは、以前その事実を知っていたが、考えていなくて忘れていたものが思い出されて、その事実が以前あったものであると自覚したり相手に確かめたりする表現である。これは発見の表現と同じようなもので、思い出した現在の事実から、それ以前の過去の事実を表す表現であるから、思い出していなかった過去が現在の事実から思い出されたものとして捉えられるのである。しかし、次の(45)と(46)のように、思い出した内容が現在に続いていなければ、ただの過去の事実になる。

(45)　そう、昔はいい男だった。

(46)　この辺は全部たんぼだった。

　発見・思い出しの表現における形式と意味の関係を示せば次の【図4.3】のようになる。

【図4.3】

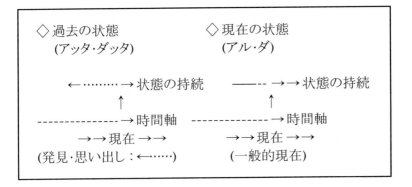

　発見・思い出しの表現に「タ」形を用いるのは、現在の事実から、その事実につながる過去の時点を捉えて、状態の継続という前提の下で過去の事実として表すからである。

　発見・思い出しの表現は、現在にもその状態が継続していることから捉えられるものであるから、「ル」形でも充分表現できるであろう。状態の表現に現在を表す「ル」形を用いると、普通、その表現は単なる現在の意味として捉えられる。しかし、発見・思い出しの表現では「あっ」「そう」のような感嘆詞が共起することによって、「ル」形でも「タ」形を用いるときと同じような発見・思い出しの意味になるのである。(24)〜(44)に「ル」形が用いられても、その意味が変わらないのはこのためである。

　現在の状態は現在の状態を表す形式で表し、過去の状態は過去の状態を表す形式で表す。しかし、現在の状態からも、それ以前の過去の状態を捉えることができる。それが思い出し、発見など

の表現である。

2.4. 発見の表現における「アル」と「ダ」

　状態動詞「アル」と断定助動詞「ダ」はともに状態を表すのに用いられる形式である。従って、思い出しの場合でも発見の場合でも、「ダ」と「ダッタ」、「アル」と「アッタ」が、同じように用いられて不思議ではないはずである。しかし、(47)～(52)に見られるように、思い出しの表現と発見の表現の間には、状態動詞「アル」と断定助動詞「ダ」の使い方に相違が見られる。

(47) a. あ、私にもそれ<u>ある</u>。
→ b. あ、私にもそれ<u>あった</u>。

(48) a. あ、明日は試験<u>だ</u>。
→ b. あ、明日は試験<u>だった</u>。

(49) a. あ、ここにお金が<u>ある</u>。
→ b. あ、ここにお金が<u>あった</u>。

(50) a. (道でお金を見つけて)あ、お金<u>だ</u>。
≠ *b. (道でお金を見つけて)あ、お金<u>だった</u>。

(51) a. あ、むこうに島が<u>ある</u>。
→ b. あ、むこうに島が<u>あった</u>。

(52) a. (漂流中に島を見つけて)あ、島<u>だ</u>。
≠ *b. (漂流中に島を見つけて)あ、島<u>だった</u>。

112

(53)　あっ、あれは島<u>だ</u>。

(54)　あ、あれは島<u>だった</u>。

(47)と(48)のように、思い出しの表現には「ダ」と「ダッタ」、それから
「アル」「アッタ」の両方が用いられる。(49)と(51)のように、発見の表
現にも「アル」と「アッタ」を用いることはできる。しかし、(50)と(52)の
ように、発見の表現に「ダ」の過去形である「ダッタ」が用いられる
と、不自然な文になるか、それとも、(54)のように、その意味が変
わる。

　思い出しというのは、いま現在続いている事実から捉えるもので
あるが、その状態はいま現在と認識的に離れている過去にあった
ものである。思い出しは、ある事象に対して、その事実の存在を
ずっと考え続けて現在にまで至っているのではなく、話す直前まで
認識して(考えて)いなかったものを、現在の状況から思い出したり
確認したりして現れる表現である。話し手にずっと認識されたまま
の事実であるならば、それは、もはや、思い出しではなく、単純な
現在の事実にしかならない。(47)と(48)のように、思い出しの表現
に過去断定の形式が用いられるのはこのためであろう。しかし、
(50)と(52)に見られるように、新しい発見の場合、発見されて存在し
ている事実を、過去の存在として捉えることはない。(50)と(52)が表
す事実は、発見され目の前に今現在展開しており、同時に頭の中
に持続したまま発話とともに存在するものであるので、過去のもの
として切って考えることはできない。この表現は現在と離れた過去

113

にあった事実が確認されるようなものではない。つまり、いま現在
の事実なのである。思い出しの場合に提えられる事実は、思い出
して発話する前まで忘れていた過去の事実であるが、新しい発見
の場合に捉えられるのはいま現在続いている事実である。思い出
しは、その事実に接した時点が過去であるから、過去の断定とし
て捉えることができ、「ダッタ」でも表現できる。しかし、新しい発見
は、発話直前に発見されてすぐ発話として表出されるものであるの
で、それが現在と認識的に切られた過去の状態に接したものとし
て現れることはない。つまり、発見の表現は現在の断定以外として
は成立しないものであるから、「ダッタ」では表現できないのであ
る。

　思い出しの表現と異なり、現在の断定でしか表現できない新発
見の表現に、現在形「アル」だけではなく、過去形「アッタ」が用い
られる点について考えてみよう。

　「現在〜がある。」というのは、過去からあったものがいま現在にも
あるということである。従って、現在の存在する場所からそれ以前
の存在した場所を示すことができる。「アル」で表現する発見は、
存在している場所を発見したものにもなるので、現在の存在場所
から過去の存在場所を想定することができる。(49)と(51)のように、
発見の表現に「アッタ」が用いられるのはこのためである。つまり、
「アッタ」による発見の表現は、いま現在の存在場所の確認から知
らなかった過去の存在場所を位置づけて表現するものである。

　さて、(54)のように、新しいものを発見した表現に「ダッタ」が用い

られる場合がある。(54)の主格「あれ」は、それが島であるかどうか
知らなかったものの、知らない何かがあったということを知った上で
用いられたもので、「あれ」が指す対象は話し手にとって既知の情
報である。こういう場合は新しい発見といえども、過去その存在は
知っていたがそれが何であるかよくわからなかった、あるいは誤っ
て認識していた何かを思い出して、その時のものが何々であったと
いうふうに断定する表現であるので、思い出しの表現に用いられる
「ダッタ」と同じものと考えられる。つまり、過去に対する断定である
ので、「ダッタ」が用いられるのである。

　現在を断定する表現に「ダ」が用いられることは、次の(55)～(58)
からも明らかにすることができる。

(55)　あ、火事だ。

(56)　あ、地震だ。

(57)　(ある場所で偶然先生を見つけて)あ、先生だ。

(58)　(話し中に時計を見て)あ、三時だ。早く授業に出なきゃ。

(55)と(56)における火事と地震は、あくまでもいま現在それと断定さ
れる火事と地震であって、それは以前断定していた火事と地震で
はない。(57)の「先生だ。」というのも、いま現在先生が目の前に現
れているということである。(58)の『三時だ。』というのもいま現在の時
刻が三時だということである。断定というのは話し手がある事実に
直接接してから行うものであるから、ある状態が目の前に展開され

ているとしたら、それは現在の断定としてしか表現できない。(55)〜
(58)は話し手が過去に接した事実でもなければ、話し手が以前断
定した事実の続きでもない。(55)〜(58)のような発見・気づきの表現
は、知らなかったある事実が、目の前に現れて存在する事実につ
いての現在における断定である。

　発見というのは現在の断定で、現在に有効なものであるから、過
去の断定としては表現しない。しかし、次のように、発見の現在の
表現において忘れていた(確認できていなかった)過去の事実がわ
かった場合、思い出しの表現になり、「タ」形を用いることになる。

　　(59)　a.　(街で有名人を見つけて)あ、田中さん<u>だ</u>。
　　　　　　　(街で有名人を見つけて)あ、田中さん<u>だった</u>(×)
　　　　　b.　あ、あの人が田中さんだったのか、
　　　　　　　評判は聞いていたんだが、さすがきれいだね。
　　(60)　a.　(事故を目撃して)あ、事故<u>だ</u>。
　　　　　　　(事故を目撃して)あ、事故<u>だった</u>(×)。
　　　　　b.　だから、渋滞だったんだ。

現在は過去からの続きであるが、現在の状態が過去の状態と認識
的に切れていない限り「タ」形は用いられない。つまり、現在と繋
がっていない以前の情報なしで、目の前に展開される状態だけ
を、現在と離れた過去の状態として表現することはできない。「ダ」
で示される発見というのは目の前に展開されている事実を断定す

る表現であるので、過去の事実は問題にならない。しかし、発見された事実で、本来「ル」形しか用いない表現であるが、その事実から過去のことを思い出すことができる表現には「ダッタ」を用いる。この場合の「ダッタ」は現在の事実から、以前の事実を思い出すような意味にしかならない。(59)と(60)のaは、発見の表現で、目の前に展開されている現在の事実を断定する表現であるので、現在から離れた過去だけの事実にはならない。現在の事実だけが問題になる発見の表現では「ダッタ」が現れないのであるが、bのように、「ダッタ」が用いられるのは、bが現在の事実から、以前の知らなかったときの事実を表すからである。話し手は、現在の事実が、過去の事実と同じであったというつながりを持っていなかったが、時の経過とともに、現在の事実から過去の事実が同じであったということがわかるようになったので、過去の事実として表現するのである。aは事実に対する既存情報を伴わない発見の表現であり、bは過去のことを思い出して確認するような表現である。

2.5. 結論

　「タ」形で表される状態の表現は過去に存在した状態だけを表す。しかし、状態の表現は継続性を排除しないものであり、過去からの続きは現在であるという点から、「タ」形で表される表現における状態は、それが現在まで続く可能性を常に含んでいる。状態の表現において、「タ」形でも現在の状態が表現できるのはこのた

117

めである。また、現在の状態から、逆にその続きである以前の状態もそうであったことを表すこともできる。つまり、現在の事実から、過去のことを思い出したり発見したりするという形で表すことができる。結局、両方とも、状態の表現が持続の中で捉えられるものであるということから可能になる表現である。しかし、現在の状態から捉えられるものを断定する場合、それに「タ」形が用いられるのは、現在の続きである過去の状態が話し手に既存の情報として位置づけられ、それが現在と認識的に切れている場合の表現においてだけである。

　「時の表現」が様々な要素によって決められることは先行研究の指摘の通りである。しかし、先行研究では、一つの場面を「タ」形でも「ル」形でも表現できるその根拠が明らかにされていなかった。この現象は、状態の表現における過去と現在というものがどう違うのか、ということから解釈できるものである。従って、本章で取り上げた用例は、状態の「時の表現」における「ル」形と「タ」形が持つ意味を明確に保っている表現で、「時の表現」の例外ではないと言える。

第五章

動きの成立の表現における
「ル」形と「タ」形
― 現在の表現と関連して ―

1. 問題設定

　動きの成立の表現は、動きが成立したか、それとも成立する
か、という動きの成立時における対立を表し、これに用いられる形
式(「タ」形と「ル」形)は過去と未来の意味を表す。動きの成立とは
瞬間に行われるものであるから、継続している状態が前提になる
現在の表現としては用いられない。

　動きの成立を表す表現は現在時と密接な関係を持つ場合があ
る。野球の中継を見ると、例えば、投手の投球を見て「ピッチャー
投げます。投げました。」と、また打者の打ったボールを見て「打ち

ました。センター、取ります。取ります。取りました。」というように、発話時の現場の描写に「ル」形と「タ」形がよく用いられる。こういう表現は発話が動きの成立と絡んでおり、「ル」形と「タ」形で表現する発話が動きの成立する瞬間を捉えているかのように考えられがちである。これらの表現に用いられる「ル」形と「タ」形が現在を表すかのように解釈されるのは、発話と動きの成立を同時的なもののように受け取るからである。

　次の(1)～(3)のような表現も、動きの成立が発話時と密接に関係するものである。

(1)　あ、電車が来る(来た)。

(2)　日本に来て7年になる(なった)。

(3)　a. 開幕を宣言します。

　　　b. それを君に頼む。

(1)～(3)のような表現は、現在を表すものとして位置づけられるなど、「時の表現」の例外的なものとして扱われていた。これらに用いられる「ル」形と「タ」形がどういう意味を表すかを究明するのは、「時の表現」の体系を明らかにする上で、極めて重要である。

　以下、動き動詞の表現で、発話時と密接に関係しているものについて考察したい。

2. 動きの成立と現在

高橋太郎(1987：pp.54〜55)は次のように述べている。

　完成相の動詞は運動をまるごとさしだすために、発話時という瞬間におさまりきれないということが、完成相の非過去形が現在のアクチュアルな運動をあらわさない理由であることは、すでにのべた。しかし、つぎのような特殊なばあいには、アクチュアルな現在の運動をあらわすことができる。

　(A)瞬間的な運動であって、その始発から終了までの全過程がはなしはじめからはなしおわりまでのあいだにおさまるばあい

　　　　　……中略……

　(A)についていうと、発話時は、じつは厳密には瞬間でなく、その動詞の発音する時間的な持続があって、そのなかにおさまるばあいのことなのである。つぎの三つのばあいをあげる。

[ⅰ] 成立時を予測できる瞬間的な運動の成立

　　(4) ファーストがとった。一るいベースふみます。アウト。
　　　　(野球放送)

　　(5) 伊三郎軍配を返します。(すもう放送)

　　(6) 一るいをけって二るいをまわる。……二るいをまわります。(野球放送)

はじめの「まわる」は未来の運動をあらわしている。

[ⅱ] 自分の瞬間的な動作に説明をつけるばあい

  (7) ［手品で]これをここに、こういれます。

  (8) 一円ここへおきますよ。(永井荷風「つゆのあるとき」)

          ……中略……

[ⅲ] 発言そのものが内容としての行為になっているばあい

  (9) あとを万事お願いする。(尾崎一雄「暢気眼鏡」)

          ……中略……

  (10) 懲役七年の刑を宣します。(石森史朗「約束」)

  (11) けさのミーティングはこれでおわる。(華麗)

この場合、発言すること自身が行為の内容なので、発話とその内容との、始発と終了が完全に一致することになる。

          [(4)～(11)は筆者が附した]

高橋太郎(1987)は、現在を表す発話に時間的な幅が存在するので、発話中に動きが納まるものは現在の表現ができると述べている。発話というのは現在であり、持続するものである。従って、発話に時間的な幅が存在するということは指摘の通りである。

　しかし、事象が現在の表現になるために必要な条件は、事象が時間的な幅のある発話時と対応して持続することであって、動きが発話時に納まるか納まらないかは関係しない。発話時に持続し得るのは、動きの成立ではなく、状態である。状態を表す事象だけが現在の表現になるのはこのためである。(4)～(11)は継続している状態を表しているのではなく、瞬間に成立する動きを表している。

　(4)～(11)が現在を表す表現であるとすれば、瞬間に成立する動
きが時間的な幅のある発話時に持続してしまうという矛盾が生じ
る。持続しない瞬間の動きは、持続する現在時(発話時)に対応で
きないから、現在の表現にならないのである。また、(4)～(11)は瞬
間に成立する動きを表す表現であるから、動きの始発と終了が、
時間的な幅のある発話と一致することはありえない。発話には始発
と終了が異なる時点に存在するが、動きの成立は瞬間の一点であ
るから、その始発と終了の区別はない。始発がそのまま終了なの
である。(4)～(11)は状態を表す表現ではなく、動きの成立を表す
表現である。従って、これに用いられる「ル」形は現在ではなく、未
来を表す形式であると言わなければならない。

　それでは、(4)～(11)のような表現が現在を表すものでないという
ことを、(4)～(6)から順に考察していく。

　(4)～(6)は、決まっている一連の動きを前提にして、その動きの
成立を伝える表現である。これらは、高橋太郎(1987)の指摘のよう
に、動きの成立時が予測できるものであるし、また、幅のある動き
ではあるが、瞬間的な動きの成立が基準になって表現されるもの
である。動きの成立が「予測できる」表現というのは、発話時におい
てあくまでも予測で捉えられるということで、その記述からもこれら
が現在の表現でないことは明確であろう。動きの成立が発話時の
直後になるとしても、それは他ならぬ未来の動きである。同様に、
動きの成立が発話時の直前になるとしても、それは他ならぬ過去
の動きである。こういう表現において「ル」形の直後、「タ」形が用い

123

られるのもこのためである。

    (12)   投げ<u>ます</u>。……投げ<u>ました</u>。

         (投手が投げる場面)

    (13)   打ちました。とり<u>ます</u>。……とり<u>ました</u>。

         (野手がボールをとる場面)

    (14)   ゴールを通り<u>ます</u>。……通り<u>ました</u>。

         (ゴール地点を通る場面)

    (15)   中間地点を回り<u>ます</u>。……回り<u>ました</u>。

         (走者が中間地点を回る場面)

(12)～(15)に見られるように、瞬間的な動きの成立が目の前で展開される場合、その表現には動きが成立する瞬間の前後の時点を表す形式が用いられる。これは動きの成立する瞬間は発話時に持続できないからである。ある動きが成立する瞬間まで、その動きの成立時点は未来のものであり、この動きは瞬間に成立し、その瞬間から動きの成立時点は過去のものになる。

  (12)～(15)の発話は動きの成立時点の直前・直後であるから、動きの成立時点が現在のように感じられるかもしれない。しかし、未来や過去のことは、それがいくら現在に近くても、現在として表現されない。

  動きの成立を捉える発話とその形式の関係を示すと、次の【図5】のようになる。

124

【図5】

(12)～(15)は、【図5】に見られるように、動きの成立時点([図5]の・)が、発話と対応して存在するのではなく、発話の前後に存在する表現である。「ル」形あるいは「タ」形を発する発話が、動きの成立する瞬間を表現することは不可能である。「ル」形は動きの成立を見込んでの表現であり、「タ」形は動きの成立が実現した直後の表現である。これらは、動きの成立時点を前後にし、「ル」形と「タ」形という動きの成立を表す形式で表現せざるを得ないのである。さらに、(12)～(15)は、動きの成立時点を基準にし、発話の形式が「ル」形から「タ」形へ変わるが、これは対象が客観的に捉えられ、動きの成立時点の前後関係が明確であることを意味する。従って、これらは「ル」形と「タ」形の両形式を置き換えることができない。

　現在の表現は発話の瞬間瞬間が基準時であり、それに対応して存在し得るものとして捉えられる事象についてのみ表現が可能となる。従って、高橋太郎(1987)の挙げている(4)～(6)は、決まっている一連の動きが前提になって描写されるものであるから、時間の経過とともに、その動きの成立することは確実である。しかし、この「ル」形はまだ動きが成立していない段階での表現形式で、未来を

表すものであると言える。これらは発話が、発話時の直前・直後に成立する動きを表しているから、現在表現のような印象を強く与えているのであると考えられる。

現在の直前・直後が過去・未来であることは次の例からも指摘できる。

 (16) a. いま食べ<u>た</u>。

 ≠ *b. 現在食べ<u>た</u>。

 (17) a. いま食べ<u>ている</u>。

 → b. 現在食べ<u>ている</u>。

 (18) a. いま食べ<u>る</u>。

 ≠ *b. 現在食べ<u>る</u>。

「いま」という時の副詞句が共起した場合、現在はいうまでもなく、過去や未来の表現もできる。(16)は発話時の直前に成立した動きを表している。また、(18)は発話時の直後に成立する動きを表している。(16)と(18)は、現在から極めて近い時点の動きであるが、過去と未来の動きであることは間違いない。「いま」という時の副詞が表す時間的な性格と、「現在」という時の副詞の表す時間的な性格は異なっている。「現在」は点的な時点を表すものであるのに対して、「いま」は現在時と、現在時に近い前後の時点を含むものであるから、(16)と(18)のように、「いま」の代わりに「現在」が用いられると、「タ」形と「ル」形の表現は非文になる。これは、現在時の前後

126

がいくら現在に近くても、過去と未来であるということを意味する。

3. 客体的な事象の主観的な表現

　動きの成立を表す表現は、動きがすでに成立したか、これから成立するかという対立的な概念から捉えられる。これは、事象における動きの成立時点が一つしかないということを意味する。従って、動きの成立を表す表現は「ル」形あるいは「タ」形というどちらか一方の形式で表すべきである。しかし、「たつ・なる」や「行く・来る」などの動詞の表現では、一つの事象であり、動きの成立を表していながら、その表現に「ル」形と「タ」形がともに用いられる場合がある。以下、「たつ・なる」や「行く・来る」などの表現を中心に考察を進めたい。

3.1.「たつ・なる」

　高橋太郎(1983：pp.413-6)は、次のような例をあげ、これらが「時間的な経過、到達とその結果」を表す表現で、現在を表すと述べている。

　　　現在まで一定の時間が経過したことをあらわすばあいには、スルとシタの両形がつかわれる。

(19) あかんぼうがうまれて三時間半もたちます。

お助けなすって、死ぬかもしれない。あのとおりです。

(20) ほほう。九年たちますかなあ。

(21) もう十六年たちました。

(22) 「あれから十分以上たった。」といって、自分でたしかめ
　　るようにうで時計を見る。

……中　略……

「たつ」の非過去形がなぜ現在をあらわすのかはよくわから
ないが、二つひっかかることがある。そのひとつは、この動詞
が持続性のある過程をあらわすにもかかわらず、持続相「たっ
ている」が(ふつうには)持続過程のなかにあることをあらわさ
ないことである。この点は「いく」「くる」ににている。けれども、完
成相非過去形「たつ」が結果をあらわして、進行過程をあらわ
さない点で、それらとはちがっている。

　もう一つは、「たつ」はその多くが無主語文につかわれること
である。あるいは、このこととむすびついて、つぎにのべる「な
る」と同様、コピュラ化のみちをあゆんでいるのかもしれない。

……中　略……

「あれから十年たつ(たった)。」とおなじことをあらわすいいか
たに、「あれから十年になる(なった)。」というのがある。「十年
たつ」と「十年になる」はどちらでも現在の状態を表すが、「十
年たった」が経過(持続)の過程を(まるごと)あらわすのに対し
て、「十年になった」は到達(変化)の過程をあらわす点でこと

なっている。

　　　　　　　　……中　略……

(23) 国をでてから十年になります。

(24) もうそんなになりますかね。

(25) タバコを作ってもう何年にもなる。

(26) もう日もくれてだいぶになる。

　この「なる」がなぜ現在形になるかははっきりわからないが、たぶん、無主語文でつかわれること、到達の過程と結果の過程がこんぜんとしていることなどから、「なる」が動詞ばなれをおこして、コピュラ化しているためだろうとおもう。

　　　　　　　　……中　略……

　時間量ではなくて、時刻や年齢への到達とその結果をあらわす「～になる」がある。これもナルとナッタの両形がつかわれる。

(27) おや、もう九時になる。

(28) ほうら、おひるになりました。

(19)～(28)は「ル」形でも「タ」形でも用いられる表現であるが、高橋太郎(1983)は、これらに「タ」形が用いられるのは、これらの表現が到達(変化)の過程(「なる」の場合)と、経過(持続)の過程(「たつ」の場合)を表すからであると、また、これらの表現に「ル」形が用いられるのは、これらが無主語文に使われ、コピュラ化しているためではないかと、いうふうに捉えている。

　「たつ・なる」という動詞は、動きの成立時点が明確なものであり、

(19)〜(28)でも、動きの成立を表している。一つの事象には動きの成立時点が一つしかないのに、(19)〜(28)では「ル」形と「タ」形がともに用いられる。例えば、(23)の「ル」形は、動きの成立する時点を表すが、「タ」形に置き換えられるし、そうなっても動きの成立する時点に変りはない。つまり、「十年になる」時点と「十年になった」時点とは動きが成立する同じ時点である。動きの成立を表す「ル」形と「タ」形は、対立的な意味を持っているため、一つの対象が「ル」形と「タ」形の両形式で表現されるのは一般的ではない。(19)〜(28)は、その表現に両形式が用いられるが、表現される対象は誰にでも表現できる客体的なものである。一般的に客体的な事象は動きの成立時点が客観的な一点であるため、「ル」形か「タ」形のある一方の形式しか用いられない。しかし、客体的な事象でありながら、対立する両形式が置き換えられるということは、どう捉えられるべきであろうか。(19)〜(28)は動きの成立を表す表現であるから、これらにおける動きの成立がどのように捉えられるかを調べることにする。

　(23)の国をでてから「十年になる」時点と「十年になった」時点は、話し手にとって、同一の時点である。しかし、その時点を明確に位置づける必要は必ずしもない。つまり、これは何月何日というように具体的に捉えて言う必要はなく、概略的に捉えて言えばいい事象である。動きの成立時点を幅のある単位の中で考える場合、動きの成立時点はそれを含む単位のものとして捉えることができる。例えば、「十年になる」時点を年単位で考えると、「十年になる」時点は話し手が概略的に捉えることができよう。つまり、(19)〜(28)

130

は、話し手が発話時に動きの成立する時点を到達したものとも、あるいは到達するものとも捉えることができる。これは、対象に対する動きの成立時点が話し手の主観的な判断によって決められるということである。(19)～(28)は動きの成立する時点が明確に捉えられなくてもいいものである。話し手は、発話時を動きが成立する時点の前後として捉えて表現することができ、動きが成立したことを表す「タ」形でも、動きが成立することを表す「ル」形でも表現できる。つまり、これらの表現は動きの成立時点が話し手にとって概略的に捉えられるので、明示的に表現しなくてもいいものである。(19)～(28)に、二つの形式がともに用いられるのは、発話時において、動きの成立時点が話し手の主観的な判断によって捉えられるからである。つまり、これらは動きの成立時点が発話時の前後のものとして位置づけてもいい事象なのである。

　しかし、次の(29)～(32)のように、動きの成立時点を客観的に捉えなければならない場合は、「ル」形か「タ」形かの、どちらかの一つの形式しか用いられない。

(29)　三時に<u>なります</u>。(テレビの時報)

(30)　三時に<u>なりました</u>。(テレビの時報)

(31)　a.　国に帰って先生に<u>なる</u>。

　≠　b.　国に帰って先生に<u>なった</u>。

(32)　a.　彼女はきれいなお嬢さんに<u>なった</u>。

　≠　b.　彼女はきれいなお嬢さんに<u>なる</u>。

(29)と(30)は(12)〜(15)と同じ表現である。テレビの時報は、動きの成立する時点を客観的なものとして伝えなければならない。三時になる時点(動きの成立時点)が話し手の主観によって決定されることはない。三時になっていないと「ル」形を、三時になった時点からは「タ」形を用いなければならない。三時という時点は瞬間で、発話と対応してずっと三時のまま存在することができないので、現在としては表現できない。(29)と(30)は、(23)〜(28)と違い、動きの成立時点の前後関係が明確であるから、瞬間であるその時点を前後にして、未来形の「なる」か過去形の「なった」のどちらかの一つの形式をもってしか表現できない。つまり、これらは動きの成立時点が明確であり、それを明示的に表現しなくてはならない。これは(31)と(32)に「ル」形と「タ」形が置き換えられないのと同じことである。

(19)〜(28)は「シテイル」を用い、状態の表現として表す場合もある。これは動きの成立する瞬間の時点を時間的な幅のあるものとして捉えて表現するからである。「9時1分、2分」が「9時だ」と表現できるのは、「9時」という時刻を時間的な幅のある概略的なものとして考えるからである。「9時になっている」という表現ができるのもこのためである。

3.2. 「来る・行く」

高橋太郎(1983：p.411)は、「進行する移動動作」のところで、次のように述べている。

　のりものやひとがむこうからくるのをみつけたとき、あるい
は、それをつたえるとき、クルとキタのどちらででもいうことが
できる。

　(33)　しっ、所長がくるぜ。

　(34)　なんだ。いたよ。むこうからくるよ。にこにこして。

　(35)　「きた。きた！」急短な爆音をたててサイドカーがはしっ
　　　　てきた。

　(36)　きたぞ。(黒ぬりの乗用車が二台はしってきてとまる)

　「いく」と「くる」はアスペクト的に特殊な動詞で、持続相
「いっている」「きている」は結果の状態をあらわし、目のまえ
にみえる進行の過程のなかにある動作は、持続相でなく、
完成相の非過去形「いく」「くる」であらわす。また、目のまえ
に進行している過程がすでにはじまったことを完成相の過去
形であらわすことができる。このため、目のまえの進行過程
を完成相の非過去形と過去形の両方であらわすことができる
のである。

　このことは、「～しにいく(くる)」「～していく(くる)」のばあいもい
える。

　(37)　千代の富士が頭をつけにいく。

　(38)　右はず、岩波かぎりにいった。

高橋太郎(1983)は、「いく」「くる」のような動詞は目の前の進行過程
には「ル」形も「タ」形も用いることができると指摘している。しかし、

目の前に進行している事象を、なぜ現在形で表さず、「ル」形と「タ」形で表すのかが明らかにされていない。

「来る」「行く」という動詞は「歩く、走る、飛ぶ」のような動詞とはその動きの成立が異なっている。「歩く、走る、飛ぶ」のような動詞は、話し手の視点と関係なく動きが成立するものである。これに対して、「来る」「行く」は、それを遂行している動作主の動きの位置変化を、基準になる側から、動きの成立として捉えるものである。動きがあっても、基準になる側がなくては「来る」「行く」の動きは成立しない。こういう表現は話し手が対象を見た瞬間「来る」「行く」という動きの成立を判断するもので、動きの過程があっても、それは位置変化の過程であって、動きの成立に至る過程ではない。つまり、「来る」と「行く」には動きの過程がなく、動きの成立のみがあるのである。「行く」「来る」は、瞬間に成立する動きを表すものであるから、これらの位置変化の過程は、すでに話し手の視点から主観的な判断によって決められた動き(「行った」か「来た」か)の結果であると考えられる。

(39) a. 彼は会場に<u>来ている</u>。

b. いま台風が<u>来ている</u>。

(40) a. 彼は日本に<u>行っている</u>。

b. 彼女は旅行に<u>行っている</u>。

(39)～(40)に見られるように、これらの動詞の「テイル」が動作進行で

134

はなく、結果状態の意味として捉えられるのもそのためである。

　さて、これらの動詞は同一場面の描写であるにもかかわらず、な
ぜ、「ル」形と「タ」形の両形式が用いられるのであろうか。

　「来る」という動きは、話し手が対象である人やものを見て、それ
を、見えなかったものが見えるようになったとの認識から、動きが成
立した(来た)とも捉えられるし、また見えたことは見えたが、その時
点から話し手の方に完全に来ることによって、その動きが実現する
との認識から、動きが成立する(来る)とも捉えられる。(33)～(35)に
「ル」形と「タ」形が用いられるのは、これらの表現が瞬間的な動き
の成立に対する話し手の主観的な判断から出てくるものであるか
らである。このことは「行く」についても全く同じことが言える。話し
手は発話時において「行く」行為をすでに行われたものとも捉えら
れるし、これから行われるものとも捉えられる。従って、次の(41)
のように、「行く」にも「来る」と同様に、対立する形式を自由に用
いる表現が存在するのである。

　　(41)　a.　いま彼らがそっちに行く。
　　→　　b.　いま彼らがそっちに行った。

　このように、(33)～(35)は、対象(動作)について捉えられる動きの
成立が、話し手の主観的な判断によって決められるものであるの
で、その表現に、対立する両形式を用いるが、この「ル」形と「タ」
形は、動きの成立における未来と過去を表す形式で、決して現在

を表す形式ではない。「ル」形で表現される時点は、現在を経て直ちに過去になる。

4. 主体的な事象

　事象には、話し手の外に存在し、話し手がその客観的な対象をただ単に捉えて表現するだけのものもあれば、話し手の中に存在し、話し手の発話がなければ表現されないものもある。前者は、いわゆる客体的な表現であり、後者は、いわゆる主体的な表現である。

　発話によって動きの成立する時点が表される事象は、それに用いられる形式が現在を表す形式のように捉えられがちである。前節では、客体的な対象で、動きの成立が話し手の主観的な判断によって決められる事象を取り上げた。しかし、動きの成立を表す表現が現在の表現のように捉えられやすいものは主体的な事象にもある。これには、話し手の思考作用のように主観を表すものが主体的な事象になる場合と遂行動詞文の場合である。

4.1. 主体的な事象の主観的な表現

　(42)〜(46)は、話し手の思考作用、つまり主観を表すものである。対象が客体化されず、動作主自身しか表現できない主体的な

136

事象である。

    (42) a. よし、これを<u>買った</u>。

   → b. よし、これを<u>買う</u>。

    (43) a. ぼくはこれに<u>決めた</u>。

   → b. ぼくはこれに<u>決める</u>。

    (44) a. もうこれは<u>やめた</u>。

   → b. もうこれは<u>やめる</u>。

    (45) a. 私はこの計画から<u>降りた</u>。

   → b. 私はこの計画から<u>降りる</u>。

    (46) a. この件は君に全部<u>任せた</u>よ。

   → b. この件は君に全部<u>任せる</u>よ。

「買う」「決める」「やめる」「降りる」「任せる」などは、具体的な動きを表し、客体的な事象に用いられることの多い動詞である。しかし、これらの動詞も、(42)〜(46)のように、一人称において、その動きに対する話し手の意志(主観)を表し、主体的な事象に用いられる場合がある。(42)〜(46)は、動きの成立を表しているが、その内容が客体化されず、主体的に表現されている。これらに両形式が用いられる理由は、次のように考えられる。

　(42)〜(46)は話し手の意志を表すものであると捉えられるが、これに「タ」形が用いられるのは、話し手の意志を決定されたものとして表現するからである。決定されている意志というのは、話す時には

すでに過去のものであるから、成立した動き(話し手の決定されている意志)を表す「タ」形が用いられるのである。しかし心の中に考えていた意志を話すことによって決定するというふうに表現することも可能である。つまり、意志が話す前にすでに決定されていたのではなく、決めようという気持ちから、話すことによってその意志の決定を明らかにするということである。これは成立する動きを表す表現であるから、「ル」形を用いるのである。「タ」形と「ル」形の両形式がともに用いられるのは、話し手が自分の意志を成立したものとしても、あるいは成立するものとしても表現できるからである。

　動きの成立が話し手の主観的な判断によって決められる事象には、それが主体的なものであろうが客体的なものであろうが、「ル」形と「タ」形の両形式を自由に用いることができる。(42)～(46)のような表現は、話し手の意志を表す動詞において、その意志決定が発話を通じて表明される場合に現れるものであると考えられる。

4.2. 遂行動詞文

4.2.1. 遂行動詞文とは

　発話との関係から捉えられる事象には、発話がない限り、事象の実現は不可能なものがある。

(47)　太郎はサッカーを見ている。

(48)　仁荷大学は韓国の仁川にある。

(49)　大会の開会を<u>宣言する</u>。

(50)　彼女をよろしく<u>お願いする</u>。

(47)と(48)は、話し手と関係なく存在する対象を、話し手が客観的に捉えて述べるだけの表現である。これに対して、(49)と(50)は、「宣言する」「お願いする」という話し手の発話がなければ、事象が実現されない表現である。事象の中には、(49)と(50)のように、発話によってその表現が構成されるものがある。つまり、発話行為自体が事象になり、話し手の発話行為がなければ、事象の成立が不可能なものがある。発話行為動詞(いわゆる遂行動詞)による表現である。以下、発話行為動詞を遂行動詞と、発話行為動詞の文を遂行動詞文と呼ぶことにする。

(51)　最後だよ。本当に<u>頼む</u>。

(52)　ではこれから会議を<u>始める</u>。

(53)　今回の会議はこれで<u>終わる</u>。

(54)　工事の中止を厳重に<u>注意する</u>。

(55)　二度としないと<u>約束する</u>。

(56)　私の過失をすべて<u>認める</u>。

(57)　被告人に無罪を<u>言い渡す</u>。

(58)　彼の学位取得は私が<u>保証する</u>。

(59)　私も先生の意見に<u>賛成する</u>。

(60)　今回の国の計画に<u>反対する</u>。

(51)～(60)は、話し手の意思を相手に伝達することを目的とする表現で、「頼む、始める、終わる、注意する、約束する、認める、言い渡す、保証する、賛成する、反対する」という発話行為が終わらない限り、相手への意思伝達が成立しなくなるものである。(51)～(60)に用いられる動詞は、その語彙的な意味からして、発話と関係なく存在する事象に用いられるものであるが、(51)～(60)では、発話することが事象になっており、発話がなければ存在できない事象に用いられている。これらの表現は発話行為が事象になる遂行動詞文である。遂行動詞文は話し手によってしか成立しない主体的な事象である。

　遂行動詞文の「時の表現」について、先行研究では、遂行動詞文が現在を表すものであるというふうに捉えていると言えよう。

　現在は、発話時と対応して持続するものでなければ表現できない。それは状態を表すものである。状態を表すものだけが発話時と対応して持続し得るからである。遂行動詞文は持続的な状態を表すものではない。遂行動詞文は発話行為を通じて構成される表現であるが、これは他ならぬ動きの成立を表すものであろう。動きの成立の表現に用いられる「ル」形は未来を表すが、先行研究では、動きの成立を表す遂行動詞文に用いられる「ル」形が現在を表すと捉え、結局、遂行動詞文が「時の表現」の例外的なものとして位置づけられている。遂行動詞文が「時の表現」と関連し、どういう意味を表しているかはさほど明らかにされていないのが現状である。

　以下、遂行動詞文の「時の表現」について考察する。

4.2.2. 遂行動詞文になる環境

　一般に、事象というのは客体的に捉えられる場合が多い。主体
的な表現である遂行動詞文を構成する動詞も、常に遂行動詞の
文を構成するわけではない。遂行動詞文に用いられる動詞は客体
的な表現にも用いられる。

(61)　a．彼女は来年三月に結婚する。

　　　b．彼女はもう結婚している。

　　　c．彼女は去年十月に結婚した。

(62)　この前の失礼はここで謝る。

(63)　a．彼はいま先生に謝っている。

　　　b．明日会社に行って彼女に謝る。

　　　c．それについては、昨日彼に謝った。

　　　d．だから、いま私が君に謝っている。

(61)は、結婚という事実を客体化して、現在・未来・過去という時点
に結び付けて表記したものである。このように「時の表現」は発話行
為に関係なく、客体化された事象を時間軸に位置づけて表現する
のが一般的である。しかし、(62)のような遂行動詞文は、発話行為
自体がそのまま事象であるため、客体化されないものである。しか
し、一人称にしか現れない遂行動詞文を構成する動詞が、(63)a.
のように、三人称に用いられる場合や、さらに、(63)のb.c.d.のよう
に、一人称であっても、未来・過去・現在を表すように、客体化さ

れた表現に用いられる場合、その文は具体的な動きを表すことに
なり、主体的な表現から除外され、遂行動詞文でなくなる。つま
り、遂行動詞文というのは、話し手の発話行為が事象になる文を
指し、これに用いられる動詞を遂行動詞と言うのである。従って、
遂行動詞文を構成する動詞が用いられていても、(63)のように、発
話行為自体が事象にならない表現に用いられると、遂行動詞文と
は言えない。話し手の発話行為が事象になるときの動詞とその文
がそれぞれ遂行動詞、遂行動詞文になるのである。

4.2.3. 先行研究とその問題点

　遂行動詞文の「時の表現」に関する研究はあまりなく、安藤貞雄
(1983)、高橋太郎(1985)などで極く僅かに触れられているだけであ
る。これらの先行研究では遂行動詞文が現在の表現の中で捉えら
れている。

　安藤貞雄(1983：p.74)は、現在時制の「宣言の現在」のところ
で、次のように述べている。

　　この用法は、admit, accept, beg, declare, name, sentence,
　　thankなどのように、発言することによって行為が成立する遂
　　行動詞(performtive verb)に見られる。常に第一人称主語と共
　　に、現在時制で用いられる(過去時制の場合は、〈遂行動詞〉
　　ではなくなる)。(64)の諸例に付した訳文から分るように、日本
　　語にも対応する用法がある。(20)aのように、herebyと共起する

のが典型的な用法。

  (64) a. I hereby declare the meeting closed.

       （私はここに閉会を宣言します。）

      b. I name this ship the "Queen Elizabeth".

       （この船を「クィーン・エリザベス号」と命名します。）

      c. I pronounce you man and wife.

       （あなた方を夫婦と公言します。）

      d. I accept your offer.

       （お申し出をお受けします。）

      e. I call it an outrage.

       （そいつは言語道断というものだ。）

　この用法は、a, b, cのように儀式的な場面で見られるが、d, e のような日常的脈絡にも見出される。

安藤貞雄(1983)は、発言することによって行為が成立する遂行動詞文は、常に第一人称主語と共に、現在時制で用いられると記述している。つまり、遂行動詞文を現在の表現として捉えている。

　高橋太郎(1985：p.160)も、現在表現を取り上げながら、「行為の実現となる発言」のところで、次のように述べている。

　「お願いします」や「さんせいします」などは、そのように発言することじしんがその内容としての行為を実現したことになる。これは、表現される内容と表現がおなじものである点で、モー

143

ダルに特殊な用法だということになる。けれども、テンスの面からは、ここに属するものとしてとらえてよいだろう。つまり、動作の始発と終了が発話の始発と終了に一致し現在の動作をまるごとのすがたでさしだしているのである。

(65) あとを万事<u>おねがいする</u>。

(66) ナミッ！たすけてくれッ……<u>たのむ</u>！

(67) そんなことはできない。わたしは<u>ことわる</u>。

(68) 戸田「どうだね、三島君！」

　　　三島「(ギュッとくちびるをかみ)<u>みとめます</u>！」

(69) けさのミーティングはこれで<u>おわる</u>。

(70) これより説明会に<u>うつります</u>。

(71) (前略)懲役七年の刑を<u>宣します</u>。

(72) (前略)和賀英良に対し、逮捕状を<u>請求致します</u>。

高橋太郎(1985)は(65)～(72)を現在の表現に属するものとして捉えている。その理由は、(65)～(72)の表す動作が、現在である発話の始発と終了に一致しているからであると述べている。高橋太郎(1985)の述べる通りに、(65)～(72)は、発話行為そのものが事象になっており、この事象と発話は、始発と終了の時点が一致している。発話というのは現在時であり、(65)～(72)は、発話行為が事象であるから、現在を表すというように捉えられがちである。しかし、(65)～(72)が、果たして現在を表すものであろうか。

　現在の表現は、事象が発話時と一致しなければならないが、単

144

純に発話と一致するだけで現在の表現になるのではない。事象が
状態的なものとして持続していて、話し手の発話と対応していなけ
れば現在の表現にはならない。話し手が、ある状態を捉え、それ
を発話時のものとして表現するためには、その状態が発話時の前
から存在していて、発話中に持続するのはもちろん、発話が終了
する時点にも状態の持続が変化してはならないのである。しかし、
(65)～(72)は、発話時に存在している何かの状態を捉えたものでは
なく、何かの動きの成立を意図して表したものである。つまり、(6
5)～(72)のような遂行動詞文は、発話時である瞬間瞬間に状態とし
て存在しているものを捉えた表現ではない。

　それでは、以下で、遂行動詞文の「ル」形が表す意味について
考察していきたい。

4.2.4.「時の表現」における遂行動詞文の意味

　現在の表現は、状態を表すものにのみ可能である。動きの成立
を表すものは、現在の表現ができない。従って、具体的な動きを
表す動き動詞の「ル」形が現在を表すことはない。

(73)　金閣寺は京都にあります。

(74)　彼は日本語を習っています。

(75)　どうかよろしくお願いします。

(76)　今日の授業はこれで終わります。

(73)と(74)は、状態を表すもので、現在の表現である。動き動詞は(74)のように「テイル」形を用いて現在の表現をする。それでは、遂行動詞文の「ル」形は現在を表すものであろうか。

(75)と(76)は、発話行為が終わることによって動きが成立し、同時に相手がそれを認知するようになるものである。つまり、これらは発話行為の終わる瞬間に成立する動きを表す事象である。発話行為の終わることによって、動きが成立することを表す表現であるから、(75)と(76)は「ル」形が用いられるのである。

(76)と(77)のような遂行動詞文は、発話行為が動きであり、発話行為は瞬間現在であるから、「ル」形は現在を表す形式であるという解釈が可能に見える。遂行動詞文における動きの成立する時点は発話行為の終わる時点である。発話行為の終わる時点だけを考え、それを現在であるというふうに捉えると、一見妥当のように見えるが、発話行為の終わる時点は瞬間現在でなくなる時点であることに注意されたい。

本書では次のような観点から、(75)と(76)の「ル」形が現在を表す形式ではないと考える。事象は状態を表すか、動きの成立を表すかで「時の表現」の意味を異にする。状態として捉えられる事象は現在の表現が可能であるが、動きの成立として捉えられる事象は現在の表現が不可能である。

(77) 地球は太陽を<u>回る</u>。

(78) 生き物はいずれ<u>死ぬ</u>。

146

動き動詞の「ル」形が現在を表すのは、(77)の「回る」や(78)の「死ぬ」のように、文のレベルで動き動詞の動きが状態化する場合に限られる。(75)と(76)は状態を表してもいなければ、動きが状態化してもいない表現である。これらは発話行為を通じて実現する動きの成立を表す表現である。動きの成立というのは、まとまった動きが成立したか成立するかを問題にするものである。(75)と(76)は発話行為全体が一つの動きであるから、発話が終わらない限り、まとまった動きにもならないし、動きが成立することもない。発話行為は現在時の動きであるが、発話行為の行われる瞬間瞬間が動きの成立する時点ではない。(75)と(76)は、動きの成立を表す事象であるが、動きは発話行為の終わる時点で成立する。要するに、遂行動詞文は動きが成立するということを発話行為を通じて表す表現である。成立する動きを表すには「ル」形が用いられるのである。

　遂行動詞文の「ル」形は、ほかの動きの成立を表す表現と同じように、未来を表す形式で、現在を表す形式ではない。さらに、現在の表現は、時間的な幅のある発話全体と対応して存在する状態だけに可能なもので、事象が発話の終わりの一点と対応して存在するとしても、現在の表現になることはできない。

　遂行動詞文の「ル」形が現在を表す形式であるというふうに考えるのは、発話行為と、発話行為で表される動きの成立を同一視することから生じる混同であると思われる。発話行為は、常に現在時で、現在以外に成立し得ないものである。しかし、「時の表現」の形式は発話行為自体を問題にするのではなく、発話行為を通じ

て、状態あるいは動きの成立として捉えられる事象の時間的な関係を表すものである。発話行為が何を表すかを捉えず、発話行為が現在であるから、発話行為が事象を構成する遂行動詞文は現在を表すという捉え方は正しくないと思われる。

5. 結論

動きの成立を表す事象に用いられる「ル」形が現在を表すことはない。動きの成立を表す事象が発話時と関連するとしても、発話が動きの成立する瞬間を捉えることはできない。発話は動きがすでに成立したか、あるいはこれから成立するかを捉えるだけである。動きの成立する時点がいくら発話時に近くても、「ル」形の表現は発話することによって動きの成立することを表すものである。

遂行動詞文は、現在時である発話行為が事象になるので、現在を表す表現のように考えられがちであるが、この遂行動詞文に用いられる「ル」形は未来を表す形式であると考えるのが妥当であろう。遂行動詞文における発話行為というのは、成立する動きを表す言語行為である。つまり、発話を通じて動きの成立を伝えるのが遂行動詞文である。遂行動詞文はそれが表す事象が特殊ではあるが、他の動き動詞の「ル」形が表す意味と同じように、これから成立する動き(未来の動き)を表し、「時の表現」の体系から外れる例外的なものではない。

148

　現在の表現になるためには、ある状態が発話と対応して持続することが前提である。瞬間に成立してしまう動きは現在の表現にならない。動きが発話時の前後に成立する事象と関連し、それが何を表すかが正しく捉えられず、「時の表現」にはこれまで多数の例外が設けられていた。本章を通じて、これらの表現が「時の表現」の例外的なものではないことが明らかになったと考える。

第六章

現在の表現と「シテイル」の意味

1. 問題設定

　事象は、次の、(1)～(3)のように状態の表現として、(4)と(5)のように動きの成立の表現として時間軸に位置づけられ、過去・現在・未来という時点との関係から「時の表現」が捉えられる。

　(1)　試験に合格した人が三人も<u>いる</u>。

　(2)　この辺には大きな松の木が<u>あった</u>。

　(3)　まだここは涼しい風が<u>吹いている</u>。

　(4)　来年の三月には国へ<u>帰る</u>。

(5)　この論文は一年前に書いた。

現在の表現は、(1)と(3)のように、状態を表すものだけに可能である。未来の表現は、(4)のように、動きの成立を表すものに可能である。過去の表現は、(2)のように状態を表すものにも、(5)のように動きの成立を表すものにも可能である。過去・未来というのは現在と違い、無限な時間的な幅を持っており、事象に関係なく成立可能な環境にある。しかし、状態を表すものにおける未来の表現は一般的ではない。

(6)　ここに井戸が<u>ある</u>。

(7)　*明日ここに井戸が<u>ある</u>。

(8)　来年になると、彼は子供が二人<u>いる</u>よ。

(9)　明日の今ごろ、試験は<u>終わっている</u>よ。

(10)　来年になると、彼は子供が二人<u>いる</u>だろう。

(11)　明日の今ごろ、試験は<u>終わっている</u>だろう。

(6)のように、発話時に継続している状態は現在として表現するが、その現在の状態が未来まで続くとしても、それを未来の状態としては表現しない。未来の状態は、まだ現れていない状態が、未来になって現れる状態でなければならない。未来の状態を表す表現ができるとしたら、それには現在の状態が排除されるべきである。(7)は、現在の状態から続く未来の状態を表す表現であるとす

れば、現在として表現しなければならないし、また、未来になって現れるものであれば、動きの成立の表現か状態の推量の表現にしなければならない。状態は続いているものを見て捉える表現であるから、未来の状態を、確認した具体的な事実としては表現できない。しかし、(8)と(9)のような状態の表現もある。これらは、状態の実現する時点が未来であるので、この点だけを考えれば、未来の状態を表す表現であると言えよう。しかし、これらは、話し手がある客観的な情報をもとにし、(10)と(11)の事実を確実なものとして判断して言う表現であろう。(8)と(9)は、未来になって現れることを前提にする表現であるから、話し手の判断が外れることも必ずしも否定できない。つまり、(8)と(9)のような表現は、未来に成立する動きを前提にし、その動きの成立による状態の実現と持続を、確認していないのに確認したかのように、現在の事実として表したものである。現在の表現は、目の前に展開されているものを捉えるのが一般的であるから、未来に実現する状態を現在として表現すると、対象はより事実的なもののように捉えられるであろう。

　現在の表現は状態を表すものに可能であるが、動き動詞の場合は「シテイル」で状態を表し、現在の表現に用いる。

(12)　いま行く。

(13) *彼はいまテレビを見る。

(14)　彼はいまテレビを見ている。

(12)は、まだ行っていないが、もうすぐ行くという発話後に成立する
動きを表すものである。動き動詞の「ル」形の表現に、「いま」という
副詞が付け加えられても、(13)に見られるように、現在の表現には
ならない。これは動きの成立というのが状態の持続を前提にした表
現ではないからである。(14)のように、動き動詞(非状態動詞)は「シ
テイル」によって現在の表現が可能になる。

　本章では、現在の表現がどういうものであるか、それから、現在
の表現に用いられる「シテイル」が「時の表現」の枠組みの中でどう
位置づけられるべきか、という点を考察する。

2. 現在の表現

　過去と未来の表現は、現在時に展開されている事象を捉えるも
のではない。現在の表現は発話時と関連する事象を捉えるもので
あるので、次の(15)のa.とb.のように、目の前に展開している事象の
表現に用いられる形式が、現在を表しているかどうかを直感的に
は判別しにくくなる。(15)のa.とb.が現在の表現でないことは、第五
章に述べた。これらを現在の表現として捉えると、他に「シテイル」
という動き動詞の現在を表す形式があるのに、この形式が用いら
れない理由を明らかにしなければならないであろう。

　　(15)　a. バスが来る。

　→　b．バスが来た。

こういう表現を正しく捉えるためには、現在という時点と、現在の表現になるための事象がどういうものであるかを吟味する必要がある。

　まず、現在の表現に関する先行研究から見ることにする。

　奥田靖雄(1978)は現在について次のように述べている。

　　suruというアスペクチュアルなかたちが表現する意味は、基本的には、《分割をゆるさないglobalityのなかに動作をさしだす》ことである。このように理解しなければならない根拠は、なによりもまず、suruという完成相の動詞は、その現在形において、《アクチュアルな現在》をあらわすことができないという事実にある。はなしのモメントに進行する動作は、動作を過程としてとらえる継続相shite-iruの現在形をもちいなければ、さししめすことができない。動詞のテンスとしての《アクチュアルな現在》は、はなしのモメントに進行する動作をさししめすわけだが、完成相の動詞は過程を表現する能力がかけているので、このような動作をさししめすことができない。

奥田靖雄(1978)の指摘の通り、現在というのは話しのモメントに進行する動作をさししめす表現である。しかし、現在の表現は「シテイル」だけでなく、「スル」でも充分に表せるので、現在を「スル」と「シテイル」の対立という形態論的な面だけで捉えるのは妥当では

ない。事象が状態を表すものであれば、それはその形式に関係なく、現在の表現が可能になる。本書では、「ある・いる・できる」などで表現される事象以外に、反復・習慣・属性などを表すものも状態を表す事象と考える。

　高橋太郎(1987)は現在について次のように述べている。

　　　未来とか過去とかいうのは、現在の直後、直前からはじまって、両方にひろがる、それぞれ長いはばをそなえた時間帯であるのに対し、現在は瞬間である。ということになると、完成相であらわされた運動のすがたは未来あるいは過去という時間帯のなかにおさまっても、現在という瞬間にはおさまることができないということになる。これが完成相の非過去形が、現在における運動をあらわすことができない理由となる。

高橋太郎(1987)の指摘のように、現在を、単なる瞬間であると捉えて、動きの時間的な幅と関連づけて考えるならば、「シテイル」の表現でも、発話する時間があるため、瞬間である現在を表すことはできない。これは、実際の言語表現が瞬間には成立しないため、つまり、瞬間には完全な動きの描写が出来ないからである。現在が単なる瞬間であるという捉え方は言語表現としての現在の説明に適合しない。「死ぬ」や「結婚する」などのように、その動きが瞬間に納まるはずの瞬間動詞が現在の表現にならない事実からも、高橋太郎(1987)の指摘が正しくないことは明らかであると言えよう。

156

　それでは、現在とはどういうものであろうか。高橋太郎(1987)の指摘のように、現在というのは瞬間の一点である。しかし、それは停止している一点ではない。現在の表現として捉えられるのは、事象が、発話時と対応して存在し続けると認識される場合である。

(16)　彼女は<u>やさしい</u>。

(17)　僕の家には犬が<u>いる</u>。

(18)　私と彼は性格が<u>違う</u>。

(19)　人間は<u>死ぬ</u>。

(20)　彼はいま論文を<u>書いている</u>。

(21)　台風で外は雨が<u>降っている</u>。

(22)　a.　彼は友達と<u>結婚している</u>。

　　　　b.　彼は友達と<u>結婚する</u>。

　　　　c.　彼は友達と<u>結婚した</u>。

(23)　a.　彼は試験に<u>合格している</u>。

　　　　b.　彼は試験に<u>合格する</u>。

　　　　c.　彼は試験に<u>合格した</u>。

(16)～(21)は現在の表現である。これらは、事象が発話時(現在)と対応して持続している。現在の表現になるためには、事象が発話時の前から存在して発話中にもなくなってはならない。つまり、事象は発話の時間的な幅と関係なく持続して存在することが必要である。現在の表現は、過去から継続しているものが、認知され、発

話される間に終わらない事象で、以前から実現している状態が現在の一点で捉えられ、未来まで続くことが含意される事象に可能なものである。つまり、過去から未来へ動く中で持続する一点が現在の瞬間である。現在の表現が成り立つためには、前提条件として、事象が発話時を含む一定時間持続しなければならない。この前提条件というのは、話し手の事象に対する捉え方の問題である。(20)のように、発話時に展開される具体的な状態ではない表現でも、話し手が、それに対して、以前始めたものが終わらず、継続しているというような捉え方をするとしたら、現在の表現として成り立つのである。

　動きの成立として捉えられる事象は、動きに時間的な幅があるとしても、その動きは瞬間に成立するものであるから、現在の表現ができない。(22)と(23)の瞬間動詞が、動きの成立する時点を現在として表現できないのも、動きが現在である発話時において持続できないからである。

　大江三郎(1975)は現在について、次のように述べている。

　　現在時(発話時)は点的な瞬間であり、あるできごとがこの瞬間に生起して完結するものとして捉えられることはまずあり得ず、現在時のできごとは必ず不完結のものとして捉えられ、表現される。

大江三郎(1975)は現在の表現になるための事象のあり方を正しく

158

捉えている。大江三郎(1975)の指摘は、発話時に継続する事象が現在の表現になるという本章の捉え方とほぼ一致する。

　結局、現在の表現が可能なのは、時の流れの中で、変わっていく現在の時点に、ある事象が同じ内容で保たれるものとして捉えられる場合である。同じ内容で保たれるものとして捉えられる事象が、まさに、動的あるいは静的な状態である。従って、現在の表現の可能な事象は状態を表すものでなければならないのである。

　現在になるための事象の条件を示せば【表6】のようになる。

【表6】

```
◇現在の表現になるための事象の条件
　ⓐ状態的であること
　ⓑ発話時に持続していること
cf. 動きの成立の表現に現在の表現は不可能な理由
　ⓐ動きの成立は変化である（←状態ではない）
　ⓑ動きの成立は瞬間的である（←持続的ではない）
```

3. 「時の表現」と関わる「シテイル」の意味

3.1. 先行研究の検討

現在の表現は持続する状態を表す事象から捉えられるものであ

る。従って、動きの成立から捉えられる現在は、以前、成立した動きが、現在、状態として残っているという意味として捉えられなければならない。それを表すのが「シテイル」で、これによって、動詞に現在の表現が可能になる。それでは、「時の表現」との関連において、「シテイル」の意味を考えてみることにする。

　「シテイル」に関する研究は、金田一春彦(1976)の動詞の四分類以来、多くが「シテイル」の意味を現在時における状態の性質(動詞で表される動きの局面→アスペクト的な意味)から考え、その体系を動詞のある共通性に求めようとした。つまり、動詞が動作を表すか、変化を表すか、また、動詞の動きが持続的か瞬間的かという性質によって、「シテイル」の意味を分析した。そこでは、「シテイル」のアスペクト的な意味に影響する要素が個別的な動詞に求められている。しかし、「シテイル」のアスペクト的な意味は、動詞の語彙的な性質によって、ある程度の傾向は言えるものの、その動詞一つでは決められない場合が多い。一つの動詞が表すアスペクト的な意味は、文によって変わるなど、一定していない。結局、動詞のアスペクト的な意味は、動詞だけの分析では究明できなくなり、文の中から求められるようになる。森山卓郎(1988)は、「シテイル」が表す状態の意味を、これに影響する全ての要素を考え合わせて分析することを試み、「シテイル」の意味の体系を、以前より明らかにしていると言えよう。

　(24)　彼は図書館で本を<u>読んでいる</u>。

160

(25)　彼女は赤いシャツを<u>着ている</u>。

(26)　道が<u>曲がっている</u>。

(27)　彼は「自分が間違っていた」と日記に<u>書いている</u>。

(28)　多くの人がこの病気で<u>死んでいる</u>。

　結局、「シテイル」で表される状態は、動きが成立して、未完了の時点で捉えられるか、それとも、完了した時点で捉えられるかによって二つの意味に分けられる。動きの成立後、未完了の時点で捉えられるものは動きの未完了(継続)の状態を表し、動きの成立後、完了した時点で捉えられるものは動きの完了(結果)の状態を表す。つまり、「シテイル」は動的状態か静的状態かを表す。従来の研究では、この二つの意味を根幹として、(24)〜(28)のように、「シテイル」を文の中において解釈し[動作進行・結果残存・単なる状態・経験・反復]などの意味として捉えている。

　しかし、次の(29)〜(34)に示したように、一つの動詞でも文中の様々な要素によってそのアスペクト的な意味は異なってくる。従って、これらの意味を正しく捉えるためには、その意味が実現する諸々の条件を考え合わせなければならない。

(29)　彼女は<u>結婚している</u>。

(30)　友達が<u>次々と結婚している</u>。

(31)　彼はいま図書館で小説を<u>読んでいる</u>。

(32)　私は最近川端康成の『雪国』を<u>読んでいる</u>。

(33)　窓の外は落葉が<u>落ちている</u>。

(34)　彼は服を<u>着ている</u>。

　時間的な幅のない瞬間的な動きは、文中の要素に関係なく、瞬間的に行われることが前提である。「結婚する」は、瞬間的な動きを表す動詞で、(29)では、瞬間動詞の「シテイル」が実現する意味を表しているが、(30)の場合では、「次々と」という修飾語によって、時間的な幅のある動きを表すようになり、瞬間動詞の「シテイル」が実現する意味は問題にされていない。また、(31)と(32)のように、状態の持続は、時の副詞の修飾により、線的なものと反復による点的なものに分けられる。(32)のように、点的な持続を表す表現は過去に始まって、まだ、それが終わっていないものであるという認識から、発話時の動きとして直接に捉えることはできないものであり、現在の動きとして見なされるであろう。話し手が事象をまだ終わっていないものとして捉えるならば、それは現在の表現になる。このように、「時の表現」は、話し手が事象をどう認識して表現するかということから捉えられるのである。

　「シテイル」がどういう状態を表すかは、最終的には文脈による。文脈や状況によって、「シテイル」の意味は自然に決められる。(33)と(34)で、「シテイル」の意味が決められないのは、(33)と(34)には「シテイル」の意味を決める文脈や状況が不足しているからである。

　「シテイル」のアスペクト的な意味の違いは、文中の様々な要素

によって説明される。しかし、この意味の違いは「時の表現」の全体の体系に影響を及ぼさないから、本書では、「シテイル」のアスペクト的な意味の違いをもたらす要素については触れないことにする。

3.2.「時の表現」と関わる「シテイル」の意味

「時の表現」と関連する「シテイル」の意味は、動きの成立や状態を表す表現から独立して存在しているものではない。「シテイル」は「時の表現」の一形式で、動きの成立を表すか、それとも状態を表すか、というどちらか一つの意味を表すものとして考えられる。それでは「シテイル」が表すとされている[動作進行・結果残存・単なる状態・経験・反復]などの意味は「時の表現」と関連してどう位置づけるべきであろうか。

(35)　彼は台所でご飯を<u>作っている</u>。

(36)　彼は留学生の会報を<u>配っている</u>。

(37)　研究室の電気が<u>消えている</u>。

事象の「時の表現」というのは、動きの成立時の対立と、状態の存在時の対立の中で、捉えられるものである。「時の表現」形式である「シテイル」も、この中で位置づけられるべきである。(35)は、ご飯を作っている状態を表していると同時に、ご飯を作っていない状態

163

から、作る状態へ動きが成立したことをも表している。(36)は、会報を配り始めたという動きが成立したという意味とともに、その結果の状態が継続しているという意味も表している。(37)には、電気が消えたという動きの成立の意味も含まれているし、いま消えている状態も表されている。(35)〜(37)に見られるように、「シテイル」の意味には動きも関わっているし、状態も関わっている。

　「シテイル」の「イル」は動きの意味を表さないから、動きの意味は「シテ」が表し、「スル」の活用形である「シテ」は状態の意味を直接的には表さないから、状態の意味は「イル」が表していると捉えることができる。「シテイル」は動きを表す「シテ」と状態を表す「イル」の結合体であり、「シテイル」が「時の表現」と直接に関係するのは、状態を表す部分(「シテイル」の「ル」)であることに注意すべきである。この「イル」は過去の状態を表す「イタ」と対立する形式であるから、現在の状態を表すが、現在の状態というのは発話時に継続している状態に対する表現であるから、「シテ」はすでに成立した動きを表す。つまり、「シテイル」は発話時の前に成立した動きに対する現在の状態を表す形式である。従って、「時の表現」における「シテイル」は、動きの成立と状態の結合で実現される一つの意味しか持っていないと言えよう。もちろん、動詞が表す動きの中には、その性質を異にするものがあり、これによって「シテイル」(厳密に言うと「シテイ」)が表す状態の意味に違いが現れるのは当然である。しかし、だからといって、「時の表現」の枠組みの中で位置づけられる「シテイル」の根本的な意味が一定でないというわけではない。

164

　さて、「シテイル」が表す[動作進行・結果残存・単なる状態・経験・
反復]などは、動きの成立と状態の結合から捉えられる一つの意味
から、さらに下位分類される意味であると捉えていいであろうか。
つまり、動作進行を表す「シテイル」と結果残存を表す「シテイル」
は、同じ意味を表すものとして位置づけられるのであろうか。

　(38)　彼はいま運動場で走っている。

　(39)　彼は昨日も運動場を走った。

　(40)　屋根の上に雪が積もっている。

　(41)　昨日は雪が1メートルも積もった。

　(42)　先ほどまでに強かった雨が上がっている。

「シテ」は動きの成立を表し、「イル」はそれによって現れる現在の
状態を表す。「シテイル」が表す動きはすでに成立した動きであ
る。それでは、動作進行というのは、まだ動きが終わっていない表
現であるから、これが成立した動きになるのかという疑問が生じる
のも不自然ではなかろう。つまり(38)(40)(42)のような「シテイル」で
表される動きも、(39)(41)のような「シタ」で表される動きと同じよう
に、発話時の前に成立したものであるから、その動きは終わって
いることになり、動きの持続はないのではないかということである。
しかし、「シテイル」が表す動きの成立は、「シタ」が表す動きの成立
とは、その意味が必ずしも一致しない。

165

(43)　論文は来週までに<u>出す</u>。

(44)　彼女とは明日<u>会う</u>。

(45)　論文の要旨は先週<u>出した</u>。

(46)　先生には昨日<u>会った</u>。

(43)と(44)のように「スル」で表す動きの成立は、始まる時点が動き
の成立時であり、(45)と(46)のように「シタ」で表す動きの成立は、終
わる時点が動きの成立時である。「シテイル」で表される動きの成立
は過去に成立したものであるが、この動きの成立時点は状態の変
化を表すだけである。「シテイル」が表す動きの成立とは、動き全
体が関係する「シタ」・「スル」と違って、動きの時間的な幅に関係な
く捉えられる変化という瞬間的な時点である。「シタ」も「シテイル」も
すでに成立した動きを表しているが、「シテイル」に動きの持続が捉
えられるのは、「シタ」が動きの終わった時点を動きの成立時点とす
るのに対して、「シテイル」が動きの始まる時点を動きの成立時点と
するからである。動きが持続するというのは、動きが始まって、まだ
終わっていないことを意味するが、「シテイル」には動きの始まりと
いう一つの変化しかないから、動きの持続が捉えられるのである。
　以上のことから、「シテイル」が表す[動作進行・結果残存・経験・
反復]の意味は次のように考えることができよう。
　動作進行を表す「シテイル」とは、(38)のように無の状態(走ってい
ない状態)から有の状態(走る状態)へ変化し、その結果(走ってい
る状態)が発話時に捉えられるものである。動的な状態に変化した

166

とすれば、その状態が動きの持続(動作進行)であることは当然である。

　(40)と(42)のように、結果残存を表す「シテイル」も同じように捉えることができる。つまり、動きの成立により、無の状態(積もっていない状態)が有の状態(積もっている状態)、あるいは有の状態(上がっていない状態)が無の状態(上がっている状態)へ変化し、その結果が発話時に捉えられるのである。ここでいう有の状態・無の状態というのは絶対的な意味を表しているものではない。ただ、変化点を基準にして、その前後の関係を表せば充分である。

　(47)　私も彼には3回会っている。

　(48)　彼もすでに自供している。

　(49)　彼は幼いときからその経験を積んでいる。

(47)～(49)のように、経験を表す「シテイル」も、動作主がある行為をやっていないので持っていなかった状態が、ある時点にそれをやることによって動きが成立し、その時点から状態を持つようになり、現在に至っていることを表す。これらも、動きの成立は瞬間的なものである。つまり、(47)は、彼に会った3回目の時点から、その状態が成立し、この事実が現在の経験として継続していることを表している表現である。(48)と(49)も同じように解釈できる。

　(50)　新しい人が次々と当選している。

(51) 戦場では罪のない人たちが死んでいる。

(52) 今年は若い人々がたくさん離婚している。

(50)～(52)のような反復を表す「シテイル」も、同じように捉えることができる。つまり、(50)～(52)は、「当選・死亡・離婚」が始まって、それが継続していることを表している表現である。

従って、一つの動詞で表される「シテイル」が、動的な状態と静的な状態の両方を表すとしても、「時の表現」と関わる「シテイル」の意味には、何の変わりも生じないと言えよう。[単なる状態]については次章で述べることにする。

「シテイル」の意味構造を示せば【図6】のようになる。

【図6】

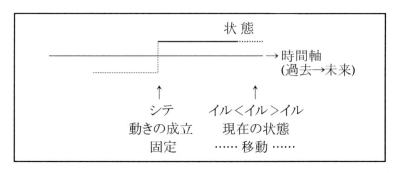

状態の性質を問題にするときは、これに影響する様々な要因によって「シテイル」が分析される。しかし、動詞で表される動きに、時間的な幅があろうがなかろうが、また、それによって表される状

168

態が、どういう意味になろうが、それに関係なく、「シテイル」は一つの意味を持つ「時の表現」形式であると考えられる。従って、[動作進行・結果残存・単なる状態・経験・反復]という「シテイル」によって表される意味が、アスペクトの中で捉えられるものであるとすれば、それは、「時の表現」に、直接的に関係する意味ではないと言わなければならない。

3.3. 先行研究との比較

国広哲弥(1982)は「シテイル」について次のように述べている。

テイルは「何かが完了(あるいは実現)した結果が継続中」であることを指すとしてよいと思われる。

……中　略……

テイルが場合によって現在完了的意味を表したり、現在進行的意味を表したりするのは、語幹の語彙的アスペクトの性質によるものと考えられる。(ここでは一日七千五百トン内外の石炭を焚いています)の場合のように、さらに文脈が影響を与えることもある。語彙的アスペクトが「結果的」(中国はすでに百発も原爆を作っている)、「瞬間的」(締切は過ぎている)など点的(punctual)であればテイルは現在完了的意味を帯びる。語彙的アスペクトが「継続的」(川が流れている)、「繰り返し的」(毎朝ひげを剃っている)など線的(durative)であればテイルは現

169

在進行的意味を帯びる。ここで注意すべきことは、どの言語でも、動詞は二種以上の語彙的アスペクトを持ちうるということである。例えば「作る」は「今作っていますからもうじき出来上がります」では継続的である。「読む」は文脈により「起動的・継続的・成就的(accomplishing)」でありうる。

　テイルは「何かが完了(あるいは実現)した結果が継続中」であることを指す、という国広哲弥(1982)の指摘では、「シテイル」が一つの意味として述べられている。本書では、「シテイル」を「シテ」と「イル」が表す、動きの成立とそれに伴う状態という一つの結合体として捉えている。これは、一見、国広哲弥(1982)の指摘と同じ見解のように見えるかも知れない。つまり、完了というのは動きの成立と同じ意味で、結果の継続中というのは動きの成立に伴う状態と同じ意味であるというようにも捉えられるということである。しかし、国広哲弥(1982)の説明は「時の表現」の中で捉えられたものであるが、実際は「シテイル」のアスペクト的な意味を述べているだけである。「シテイル」のアスペクト的な意味に関しては正しく捉えているが、それが、「時の表現」と関わる「シテイル」の意味を捉えたことにはならない。

　国広哲弥(1982)は、「シテイル」が点的であるか線的であるかによって、その意味を完了的か進行的かに分けているが、これは「シテイル」が「何かが完了した結果が継続中」であるという指摘と相反する。なぜなら、「シテイル」を完了的か進行的かに分けながら、その二つが完了した結果が継続中であることを指すと述べているから

である。完了したものをまた、完了的、進行的とに分けるのは、論理的に見て適切ではない。完了の意味は、「時の表現」の領域とアスペクトの領域の間で、必ずしも同じものとして捉えられない。完了の意味は、「シタ」と「シテイル」が用いられる表現に出てくる意味である。「シタ」は動きが成立したこと(完了の意味)を表し、「時の表現」においてもアスペクトにおいても同じように捉えられる。しかし「シテイル」においては、その意味を捉える観点が「時の表現」の場合と、アスペクトの場合とで異なっており、完了の意味も異なる。「時の表現」と関わる完了というのは、動きの成立した時点から捉えられるものである。従って、動きに過程があってもなくても、それに関係なく、完了する時点が存在するのである。これに対してアスペクトと関わる完了というのは、動きの成立した時点からではなく、動きの成立に伴う結果から捉えられるものである。従って、動きの過程が関連してきて、主に、静的な状態を表すものに、完了する時点が存在するのである。「シテイル」は、「時の表現」形式としての意味と、アスペクト形式としての意味に、分けて考えるべきである。

4. 結論

　従来の研究は、「シテイル」の根本的な意味を追求しながらも、結局は、「シテイル」が表す状態の分析にとどまっていると言える。つまり、「時の表現」の中での「シテイル」の分析でありながら、「シテ

171

イル」の意味というと、状態の分類になったのである。無論、動詞
の違いによって生じる状態の違いの研究も必要であろう。

　「シテイル」の分析を状態の違いに着目すると、動きの時間的な
幅の有無が問題になってくる。しかし、「時の表現」と関連した「シ
テイル」の動きは、時間的な幅のない瞬間的なものであるから、状
態の違いの分析からは「時の表現」と関わる「シテイル」の意味を統
一的に解釈することはできない。要するに、「シテイル」のアスペク
ト的な意味は多様であるが、「時の表現」と関わる「シテイル」の意味
は、動きの成立とそれに伴う状態という一つの意味しかない。

　完成相と継続相という「スル」対「シテイル」の対立からアスペクトの
意味を捉えることには賛成しがたいが、一つに決まっている「時の
表現」形式である「シテイル」を状態(動きの局面)の違いから捉え
て、アスペクトのカテゴリーの中で分析することには反対しない。し
かし、これは「時の表現」と関わる「シテイル」の総合的な分析という
より、「シテイル」が表す状態というある一面の分析にすぎないと言
えよう。状態の違いによって捉えられる「シテイル」の意味を「シテイ
ル」のアスペクトの意味と呼ぶとしたら、それは「時の表現」の体系
の中で取り上げられる問題ではなく、一つの「時の表現」形式にお
いて、下位分類される意味に関する問題であると言える。従って、
「シテイル」の意味は、「時の表現」形式としての「時の表現」の枠組
みの中での意味と、さらに下位分類されたアスペクト的な意味とい
う二つの側面から捉えられなければならない。

172

第七章

動き動詞における「ル」形の現在

1. 問題設定

　状態の表現は、その状態がいつ成立して現れたかを問題にせ
ず、ただ、ある時点(過去か現在)に位置づけられる状態を捉えるも
のである。動きの成立の表現は、動きがいつ成立して現れるかを
問題にし、その成立時を捉えるものである。

(1)　　筑波には至る所にきれいな公園が<u>ある</u>。

(2)　　とうとう来年は国へ<u>帰る</u>。

(1)は、現に公園があるということを表すだけで、いつから筑波に公園があったかは問題にしない表現である。(2)は、国へ帰ることが来年成立するという動きを表す表現である。

　状態を表す表現は、基準時に、ある状態が存在していることを捉えるもので、これに用いられる「ル」形は、現在においてその状態が継続していることを表す。これに対して、動きの成立を表す表現は、ある動きが成立したか、それとも成立するかを捉えるもので、これに用いられる「ル」形は、これから成立する動き(即ち未来)を表す。しかし、動きの成立の表現に用いられる動き動詞の「ル」形が、常に未来に成立する動きを表すわけではない。

(3)　私は朝遅く起きる。

(4)　日本は6月に梅雨に入る。

(5)　その病気は薬で治る。

(6)　権力のある人間も何れは死ぬ。

(7)　彼は150キロのボールを投げる。

(8)　この動物は夜行性で夜行動する。

(3)〜(8)に用いられる動詞は、語彙的な意味からすれば、動きの成立を表すものであるが、(3)〜(8)では、動きの成立を表さず、(1)の状態を表す表現のように、現在ある事実が有効であることを表すものとして用いられている。動きの成立を表す表現に用いられる動き動詞の「ル」形が、未来を表さない表現を構成することがあるのであ

る。これは、動き動詞の「ル」形が習慣・規則・真理のような事象に用いられ、動きの成立が捉えられない場合である。

(9) a. この動物は夜行性で夜行動する。(=(8))
→ b. この動物は夜行性で夜行動している。
(10) a. 私は毎朝公園を散歩する。
→ b. 私は毎朝公園を散歩している。
(11) a. 水は酸素と水素からなる。
→ b. 水は酸素と水素からなっている。

習慣・規則・真理などの表現に用いられる「スル」は、(9)〜(11)のように、「時の表現」と関わる意味を変えないまま、「シテイル」に置き換えられることがある。

　本章では、以上のような事象に用いられる形式とその意味について考察したい。

2. 先行研究の検討

　これらに関する先行研究には、寺村秀夫(1984)、高橋太郎(1985)などがある。

　寺村秀夫(1984：pp.66-7)は、次のように述べている。

　基本形の用法は、過去形との対立において捉えられる側面のものばかりではないことに注意しておかねばならない。

　たとえば、

(12)　アソコニ富士山ガ見エル

(13)　今日ハ定休日ダ

　　　などは、ふつうには、それぞれ、

(12)'　サッキ富士山ガ見エタ

(13)'　ソノ日ハ定休日ダッタ

などと対立しているものと理解され――一々明確に意識されるかどうかは別として――、その対立は、時とかかわっていると理解されているといってよいだろう。しかし、同じ「見エル」、「～ダ」でも、

(14)　ソノ星ハ肉眼デモヨク見エル

(15)　コノ魚ハ鮃(平目)ダ

などの文では、「今」という感じは、まずないといってよいだろう。これらの基本形は、何かと対立しているとすれば、「見エタ」「～ダッタ」とではなく、

(14)'　見エナイ(望遠鏡でないと)

(15)'　平目デハナイ(鮃ダ)

　　　のような否定形と対立しているというべきだろう。

　(12)～(15)は、いずれも、あるコトを確かな事実として聞き手に伝えようとしている点は同じであるけれども、それに加えて、(12)(13)が、そのコトが、発話の時に存在することを伝えよ

176

うとするものであるのに対し、(14)(15)は、そのコトの真偽、当否を主張教示しようとしているという点で異なる。

……中　略……

　さて、確言の文には、発話の時点と、コトの時点との関係が意識されている場合と、時とは全く関係のない発言の場合とがある。

　時と関係のある確言の表現、つまり、基本形が現在や未来のことを表す用法として、過去形が過去を表す用法として、両者が対立的に捉えられるような表現がいわゆるテンスの問題の対象となる。

寺村秀夫(1984)は、(12)と(13)のように、テンスの対立を持つ表現はテンスの問題の対象となるが、(14)と(15)のように、テンスの対立を持たない事象は、時と関係のないものであると捉えている。さらに、時と関係のない表現には、「物事の道理、本質、法則」「決まり、法則、規則」「仕方、処方、手順の指示」「例示」「物語の筋(書き)」などを表すものがあると述べている。次の(16)と(17)は、その例として寺村秀夫(1984：pp.70-4)が挙げている表現の一部である。

(16)　内閣総理大臣ハ、国会議員ノ中カラ国会ノ議決デ、コレヲ指名スル。

(17)　天皇ハ、国会ノ指名ニ基イテ、内閣総理大臣ヲ任命スル。

177

　高橋太郎(1985：pp.172-3)も、(18)〜(22)のような例を挙げ、これらがテンスから解放されている表現であると述べている。

　(18)　地球は太陽のまわりをまわる。

　(19)　毎年春になると、つばめがやってきます。

　(20)　あさがおはなつさく。

　(21)　水は100℃でふっとうする。

　(22)　よごれなら、あらえばおちる！

　寺村秀夫(1984)、高橋太郎(1985)は、(16)〜(22)に用いられる動詞が、動きの成立を表すものであるにもかかわらず、未来を表すべき「ル」形が未来を表さないから、時と関わらない表現であると捉えている。

　(16)〜(22)は、目の前に展開されている現在の具体的な事象を捉えたものではないが、発話時以前に成立したある事実が、現在と、ひいては未来まで有効であることを表す表現である。これらは、過去から存在してきて、現在にもまだ変わらずに継続している事実を、発話時のものとして表す表現である。現在の表現は過去から続いてきた現在の事実が、未来にまで続く場合に可能な表現である。(16)〜(22)は現在の事実であり、状態的なものとして捉えられる事象である。従って、これらを「時の表現」と関わらない表現であると単純には決めつけられないであろう。

　習慣、規則、真理などの事象には「スル」と「シテイル」がともに用

いられる場合がある。

　寺村秀夫(1984：p.97)は、習慣の表現に用いられる「スル」と「シテイル」を比較し、次のように述べている。

　　(23)　a. 私ハ毎朝30分ホド散歩ヲシマス

　　　　　b. 私ハ毎朝30分ホド散歩ヲシテイマス

　　　二つを比べると、b.のほうは、最近はじめて、今その習慣が

　　続いている(そのうちにやめるかもしれない)、という含みが感じ

　　られるのに対して、a.のほうはそういう感じがない。

「スル」と「シテイル」が表す意味は異なっている。(23)のa.とb.は現在の習慣という同じ意味を表している。同じ習慣の表現であるのに、この二つの間に、寺村秀夫(1984)の指摘するような違いがあるとは思えない。これは次のような例を考えても明らかである。

　　(24)　a. 私は毎朝30分ほど散歩します。

　　　　　　健康にいいからといって一年前から始めたが、すぐ

　　　　　　やめるかも知れない。

　　　　　b. 私は毎朝30分ほど散歩しています。

　　　　　　これは幼いときからですから、もう30年ぐらい立ちま

　　　　　　すね。

　　　　　　たぶん死ぬまでやると思います。

「スル」と「シテイル」が表す習慣を、その持続性によって区別するのは妥当ではない。(24)のb.のように、習慣の持続が長い場合に「シテイル」を用いても不自然ではない。つまり、「スル」と「シテイル」の意味を、寺村秀夫(1984)の指摘とは正反対のものとして捉えることも不可能ではない。何れにしても、(23)と(24)は「時の表現」の意味を変えないまま、「スル」文を「シテイル」文に置き換えることができるのである。もし、これらの表現が「時の表現」と関係のないものであるとすれば、「時の表現」と関係のないものが、「時の表現」と関係のある形式(「シテイル」)に置き換えられることは、どう解釈されるであろうか。

　以下、動きの成立を表す動詞の「ル」形が、未来を表さない形式として用いられる表現と、その表現に用いられる「スル」と「シテイル」の関係について考察していきたい。

3. 恒時的な事象

3.1. 恒時的な事象の表現と現在の表現

　動きの成立を表す表現に用いられる「ル」形は未来を表し、状態を表す表現に用いられる「ル」形は現在を表す。しかし、習慣・規則・真理などの事象にも「ル」形が用いられる。習慣・規則・真理などの事象に用いられる「ル」形は、動きの成立の表現に用いられる

180

「ル」形や状態の表現に用いられる「ル」形と、関係のないものであろうか。関係のないものであれば、これらの「ル」形は何を意味するものであろうか。これに関してはいまだに明らかにされていないと言えよう。

　習慣・規則・真理などの事象(以下、恒時的な事象と称する)というのは、現在において有効な事実(状態)が、未来にも継続すると予想されるものである。恒時的な事象は、未来にまで継続するものであるが、未来だけの事実ではない。従って、これに用いられる「ル」形が、未来を表す形式でないことは明らかである。それでは、恒時的な事象は現在の表現とも関係していないのであろうか。

　現在として表現される事象は、以前から継続していた状態が発話時にも終わらず継続し、未来へ向かっているものである。恒時的な事象も、過去、現在、未来に有効なものとして捉えられるものである。そうであれば両者は時間的な性格が似ているものなのではなかろうか。以下、恒時的な事象と現在で表される事象との関係を考察することにする。

　恒時的な事象に用いられる「ル」形が時間的な意味を表さない形式であるとするならば、この「ル」形は、過去、現在、未来を表す時の副詞のどれとも同じような共起関係を持ち、また、「シタ」「シテイル」「スル(未来を表す)」とも同じような置き換えの関係を持つであろう。

(25)　a.　朝早く<u>起きる</u>。

      b. 今は朝早く<u>起きる</u>。

   *c. 昔は朝早く<u>起きる</u>。

   *d. 将来は朝早く<u>起きる</u>。(習慣の意味としては非文)

      e. (今は)朝早く<u>起きている</u>。

(26) a. 大学生ならその本を<u>読む</u>。

      b. 今は大学生ならその本を<u>読む</u>。

   *c. 昔は大学生ならみんなその本を<u>読む</u>。

   *d. 将来は大学生ならその本を<u>読む</u>。(習慣の意味としては非文)

      e. (今は)大学生ならその本を<u>読んでいる</u>。

(25)a.の「起きる」と(26)a.の「読む」が「時の表現」と関わらない形式であるとすれば、現在・過去・未来というどれか一つの時点だけを表すことはないであろう。恒時的であることを表すものならば、現在・過去・未来という時間を表す副詞とは、同じような共起関係を見せることが予想されよう。(25)のa.と(26)のa.の、現在・過去・未来を表す副詞との共起関係を見てみよう。

  (25)のb.と(26)のb.にみられるように、習慣や一般的な事実などを表す事象は現在を表す副詞と共起する。恒時的な事象に現在を表す副詞が共起すると、時間的な幅が限定される感じは与えられるが、その文は依然として恒時的な意味を表し、副詞のある場合とない場合の両者間の意味の差は見いだせない。しかし、(25)のc.と(26)のc.のように、過去を表す時の副詞は習慣や一般的な事実な

182

どを表す事象と共起しない。また、(25)のd.と(26)のd.のように、未来を表す副詞が共起すると、習慣や一般的な事実などを表す事象は、習慣や一般的な事実の意味は表さず、非文かそれとも単純な未来の意味を表すものに変わってしまう。また、(25)のe.と(26)のe.にみられるように、恒時的な事象に用いられる「スル」は、過去と未来を表す「シタ」と「スル」には置き換えられないのに対して、現在を表す「シテイル」には置き換えられる。

　以上のように、恒時的な事象において、過去や未来を表す副詞句が共起しないのに、現在を表す副詞句が共起できることと、また、その表現に未来を表す「スル」と過去を表す「シタ」は用いられず、現在を表す形式「スル」と「シテイル」が用いられることは、恒時的な事象が現在の表現として表されるものであることを裏付けることになるであろう。従って、恒時的な事象に用いられる「ル」形は、現在の表現として恒時的な事象を表す形式であると捉えるのが妥当であろう。

(27)　天皇ハ、国会ノ指名ニ基イテ、内閣総理大臣ヲ任命スル。　　　　　　　　　　　　　　　　　　　　　(=(17))

(28)　地球は太陽のまわりをまわる。　　　　　　　(=(18))

(29)　あさがおはなつさく。　　　　　　　　　　　(=(20))

例えば、「総理大臣は天皇が任命していたが、その制度がなくなり、それ以来、国民の直接選挙によって選ばれる」とか「地球は太

陽のまわりをまわるが、だんだん太陽を離れつつあり、この現象が
いつ終わるか知らない」とか「あさがおが咲くのは夏だったが、最近
は地球温暖化によって春から咲きはじめる」とかというような状況が
発生するとなると、恒時的な事象は、単なる過去の事実になってし
まう。つまり、もし(27)〜(29)のような事実が変わるとしたら、それを
恒時的なものとして位置づけることには修正を加えなければならな
くなるが、それを発話時に有効な事実として位置づけることには修
正を加える必要などないのである。現在の表現が発話時において
まだ終わっていないものを捉える表現であるというふうに考える
と、恒時的な事象は、現在の表現で、充分その意味が表され得
るであろう。

(30)　a．先生は毎朝山へ登る。
　→　b．先生は毎朝山へ登っている。
(31)　a．彼は100メートルを11秒で登る。
　→　b．彼は100メートルを11秒で登っている。
(32)　a．彼女は400字の原稿を2分で入力する。
　→　b．彼女は400字の原稿を2分で入力している。

「時の表現」と関わらない事象があるとしたら、事象には「時の表現」
と関わる場合と関わらない場合を想定しなければならない。そうな
ると「時の表現」と関わらない事象は、それに用いられる専用の形
式が用意され、その形式だけが用いられるべきであろう。つまり、

184

動詞に「時の表現」と関わらない事象を表す形式としての「スル」を認めなければならなくなる。しかし、(30)〜(32)のa.とb.のように「時の表現」と関わらないといわれる事象に用いられる「スル」が「シテイル」に置き換えられることなどからみて、この「スル」を「時の表現」と関わらない形式であるとは簡単には言えないであろう。

　「スル」が現在を表し、現在として表される意味が、恒時的な意味まで含意するとしたら、恒時的な意味を表す事象は、現在を表す形式で表現すれば充分であろう。恒時的な意味を表す事象に用いられる「スル」が現在を表す「スル」と共通しており、さらに、この「スル」が、現在を表す専用形式「シテイル」に置き換えられる点などから、恒時的な意味を表す事象に用いられる「スル」は、現在を表す形式であると考えるのが妥当であろう。

　状態として表現される事象は動きの成立が問題にならない。恒時的な事象に用いられる動詞それ自体は、動きの成立として表現される事象に用いられるものである。しかし、この動詞によって構成される恒時的な事象は動きの成立が捉えられない。つまり、(30)に用いられる「登る」という動詞は、時間の流れの中で、なかった動きが成立して現れるものとして捉えられるものであるが、(30)の表現では動きの成立することが捉えられるものではない。恒時的な表現に用いられる「ル」形は、動きの成立が問題にならない事象(状態として捉えられる事象)の「ル」形と同じように、現在を表す形式であり、現在において、その事実が有効であることを表すものであると言える。

(33)　日本には富士山が<u>ある</u>。

(34)　私には兄弟が三人<u>いる</u>。

(35)　日本は韓国の隣に<u>位置している</u>。

(36)　韓国にはまだ儒教の思想が<u>存在している</u>。

(37)　中国人、韓国人、日本人はかなり<u>似ている</u>。

(33)～(37)は、状態動詞の表現で現在を表す。これらの表現はいつからその状態になったかは知らないが、いま現在の状態がそうであるということを表す。また、これらの表現において状態(=事実)の継続性(=有効性)、つまり、未来への持続が排除されることはないであろう。現在として捉えられる事象はこのような意味を表している。このような状態動詞の現在の表現が、恒時的なものを表す表現と時間的な性質を異にしているとは考えられない。現在の状態を表すものと恒時的なものは、むしろ同様な表現であると考えるのが妥当であろう。動詞の種類が違うからといって、(33)～(37)のような表現を、恒時的な事象の表現と異なるものとして捉えるのは適切ではない。事象が恒時的なものとして捉えられても「時の表現」においては、それがどういうふうに表現されるのかを問題にし、分析すべきであろう。

　松下大三郎(1932)は、「時相の現在態」のところで次のように述べている。

(38)　二　氷は水より冷たし、　　普遍の性質

　恒久普遍の性質は時に拘らないものであるが意識の上から
言へば現在である。故に右の例の二のように現在態を用ゐ
る。それは抽象的の現在で説明的である。

普遍的な性質のもの、いわゆる恒時的なものは、時に拘らない
が、意識の上から言って現在であるから現在形を用いるという、松
下大三郎(1932)の指摘は正しいと考えられる。
　「時の表現」は、事象の性質やその事象が時間軸上のどの位置
のものとして表現されるのかということを考え合わせなければなら
ない。
　恒時的な事象は、動きの始まりと終わりの時点を含んだものとし
て表現されるのではなく、現在の事実が状態として表現されるだけ
のものである。恒時的な事象が現在の状態を表すものとして表現
されても、その事実の時間的な属性(状態の継続性)により、その
事実は恒時的なものとして理解されるのである。現在というのは、
動きながら過去と未来をつなぐもので、これに対応して持続する事
象だけが現在の表現になる、というのが本書の考え方である。恒
時的な事象というのも、過去から未来へと続く中で現在の状態とし
て表されるものであるから、恒時的な事象と現在の表現とされる事
象とは同じものであると捉えることができる。両方とも現在時に有効
な事実を表すものである。従って、状態として表される恒時的なも
のは現在時の事実を表す状態の表現であり、これに用いられる
「ル」形は現在を表すものであると考えるべきである。

3.2. 現在の表現における時間的な幅

恒時的なものと現在を表すものを異なるものとして捉えると、現在を幅のあるものとして解釈せざるを得ない場合が生じる。

高橋太郎(1985：p.169)は、「ひろげられた現在」のところで、次のように述べている。

　　ひろげられた現在というのは、発話時をふくんで、過去と未来の両方向に、ある程度のながさでひろがっている期間のことである。このはばがかぎりなくひろがると、現在という限定をつけることと矛盾するので、そうしたものは、テンスから解放されたものとしてとらえて、

　　　　　　　……中　略……

けれども、実際には、それをわけきれないことがおおい。たとえば、法律の文章は、時間の限定をうたず、一般的な時間を設定している。

　(39)　火炎びんを製造し、又は所持した者は、三年以下の懲役又は十万円以下の罰金に処する。

これは、時間が限定されず、テンスから解放されているが、つぎのようなものならば、ひろげられた現在に限定されることになる。

　(40)　現行の法律では、火炎びんをつくると、三年以下の懲役か十万円以下の罰金に処せられる。

　これがなぜ脱テンス化しないかというと、それはつぎのような、過去と対立するからである。

　(41)　この法律ができるまでは、刑法にふれるばあいだけ刑
　　　　に処せられた。

　このちがいは、うえの例のようなばあいははっきりしているが、どちらかわからないばあい中間的なものもおおい。つぎの例などがそうである。

　(42)　火炎びんをつくると罰せられるよ。

　　　　　　……中　略……

　完成相非過去形でひろげられた現在のことをあらわすものには、つぎの三つのタイプがある。

　1)　ひろげられた現在においてくりかえされる動作

　2)　ひろげられた現在において、一定の条件のもとに一般的
　　　に成立する動作

　3)　ひろげられた現在のあいだ持続する性質

高橋太郎(1985)は、(39)はテンスから解放されたものとして、(40)は「ひろげられた現在」を表すものとして、(42)はその中間的なものとして捉えている。(40)が現在になるのは、過去を表す(41)と対立するからということであるが、(39)は(40)のような「現行の法律では」という副詞句がなくても、過去でも未来でもない現在に有効な法律である。現在の法律でなければ文末の「ル」形は変えなければならないであろう。(39)と(40)はどちらも現在の事象を表しでる。また(40)と

(41)の対立は、(39)が現在でないことを説明してくれない。(39)の述語を過去形にすると、それは過去の法律になり、現在を表す(40)と対立するようになる。(42)も(39)(40)と同じように現在の表現である。これらが現在の表現になるのは、これらの事実が現在において有効であることを表すからである。

　現在というのは持続する中の瞬間の一点である。しかし、持続そのものが現在ではない。もし、持続そのものが現在であるとすれば、過去も未来も現在になってしまう。現在は動きながら過去と未来をつなぐ時点で、発話時の一秒前でも、一秒先でも、現在ではない。発話というのは発話された瞬間、過去になってしまうものである。現在というのは、広げられたり、縮められたりするようなものではない。現在は発話と対応して存在する状態を捉える際の概念であり、すぐ過去になってしまう発話の続きと対応して存在する状態を捉える表現である。「ひろげられた現在」というのは、一見正しそうに見えるが、実はその用語としての成立自体が成り立たないものである。

4. 恒時的な事象における「スル」と「シテイル」

4.1. 「スル」と「シテイル」の意味

　恒時的な事象は「スル」でその表現が可能である。しかし、その表現に「シテイル」が用いられることはどう解釈すべきであろうか。

190

　寺村秀夫(1984：p.129)は、習慣を表す表現に用いられる「シテイル」と「スル」の違いを、次のように述べている。

　(43)　a．父ハコノ頃6時ニ起キテイル

　　　　b．以前ハコノ会議ハ夜マデ続クコトガ珍シクナカッタガ、

　　　　　　最近デハ大抵5時前ニ終ワッテイル

　　　　　　……中　略……

　(44)　a．父ハ毎朝ジョギングヲスル

　　　　b．父ハイツモ6時前ニ起キル

　　　　c．コノ会議ハイツモ5時前ニ終ワル

　　　　　　……中　略……

　では、～テイル形が現在の習慣を表しているのと、基本形が現在の習慣を表しているのとは、どう違うのであろうか。

　～テイルのこの用法の、基本形の習慣の用法と違うところは、やはり～テイルの基本的な意味によって説明されるだろう。つまり、(43)のように、～テイルが表している現在の習慣というのは、発話時以前のあるときに始まって、それが発話時に終わらずにつづいている(が、いずれ終わる)というふうに理解される習慣である。従って、「コノ頃」「最近」のように、限られた時間の幅を意味する語によって修飾されるのが自然である。これに対し、基本形による習慣の表現には、「ある以前に始まった」という認識もないし、また「いずれそのうち終わる」という感じもしないし、ただあることが規則的にくり返し行われる

191

ことを述べているにすぎない。それは、その箇所でも指摘した
ように、無時間的なきまりの記述に接している。

同じ習慣を表すといっても、「シテイル」は、発話時以前に実現した
ことが終わらず、現在にも存在するという意味を表すのに対して、
「スル」が表す習慣の表現はそういう意味がない。従って、二つの
表現は異なっているというのが寺村(1984)の指摘である。

　本来「スル」と「シテイル」が表す時間的な意味は異なっている。
同じ現在を表すとしても、「スル」が用いられる場合もあれば「シテイ
ル」が用いられる場合もあるのである。しかし、一つの事象に「スル」
と「シテイル」の二つの形式が用いられるからといって、その間に意
味の差があるとは限らない。形式が異なっていても、その異なる形
式が同じ場面の描写に用いられることはあるのである。寺村秀夫
(1984)の指摘は、(43)と(44)は形式が異なっているから、その間に
は意味の違いがあるのである、という前提にもとづいてなされてい
ると言えよう。(43)と(44)は「スル」と「シテイル」の二つの形式で表現
されているが、「時の表現」という観点からすれば、両方とも現在と
いう同じ意味を表しており、特別な違いを見いだすことはできな
い。

　一般に、一つの事象には一つの形式が用いられる。それでは、
上記のように、一つの事象に二つの形式が用いられるということは
どういうことであろうか。以下、「スル」と「シテイル」が置き換えられる
事象について考察していきたい。

(45)　a．私は朝早く起きる。

　　　b．私は朝早く起きている。

(46)　a．地球は太陽を回る

　　　b．地球は太陽を回っている。

(47)　a．彼はすでに起きている。

　　　b．彼は運動場を回っている。

(45)〜(46)は、現在時に有効な事実を表している。しかし、これらは過去のある時点に動きが成立し、その結果が継続しているというようなことを表すのではない。このように、現在時の事実としてのみ捉えられ、動きの時間的な側面が捉えられない事象は、これに用いられる形式が、「スル」であろうと、「シテイル」であろうと、それに関係なく現在の状態を表すと言える。「起きる」や「回る」などの動詞は、本来、動きの成立に用いられる動詞である。しかし、これらの動詞は、(45)a.と(46)a.のように、事象がある一回限りの具体的な動きを表さず、現在時の事実としてのみ捉えられる表現、即ち、事象がいつも状態的である表現に用いられる場合、状態動詞と同じように、「スル」で現在を表すようになる。こういう表現に用いられる動詞は、非状態動詞が状態動詞化したものと言えよう。

　「回る」「起きる」のように、動詞は状態の表現にも動きの成立の表現にも用いられる場合が多い。(45)a.と(46)a.のように、文(事象)のレベルで、いつも状態の表現にしかならないものは「スル」で現在の状態の表現ができるが、「回る」「起きる」は、語のレベルで動きの

193

成立(スル)と動きの成立からの状態(シテイル)を表す事象に用いられる動詞であるので、(45)b.と(46)b.のように、動きの成立から捉えられる状態を表す形式「シテイル」が、現在の状態の表現に用いられることも可能になる。動きの成立のない状態(スル)と、動きの成立から捉えられる状態(シテイル)が、現在の状態という同じ意味を表すとすれば、同じ意味を表す表現にどの形式が用いられても構わないであろう。恒時的なものは、「スル」の代わりに「シテイル」が用いられても、その表現がそのまま現在の状態を表すが、(47)のa.とb.のように、動きの成立から捉えられる状態を表す表現に「スル」は用いられない。もし、用いられるとしたら、その表現は動きの成立の表現に変わり、未来を表すものになる。状態と動きの成立が表現できる動詞が、(45)と(46)のように、状態の表現にしかならない恒時的な事象に用いられる場合、その動詞の「スル」はそのまま状態の表現に用いられるが、その場合には、動きが成立し、そこから捉えられる状態の表現形式「シテイル」も用いられる。つまり、一つの事象に両形式が用いられるのは、最初からその事象を状態の表現として捉える場合(文のレベルにおいて)と、状態の表現と動きの成立の表現との対立から捉える場合(語のレベルにおいて)の違いである。従って、状態を表す表現に、「スル」と「シテイル」がともに用いられる場合、「スル」は文によって支えられる状態の表現形式であり、「シテイル」は語によって支えられる状態の表現形式であると言える。

194

4.2. 恒時的な事象の「スル」・「シテイル」と時の副詞

　寺村秀夫(1984：p.97)は、恒時的な事象の「スル」と「シテイル」の
違いを時の副詞と関連し、次のように述べている。

　　(48)　a. 私ハ毎朝30分ホド散歩ヲシマス

　　　　　b. 私ハ毎朝30分ホド散歩ヲシテイマス

　　二つを比べると、b.のほうは、最近はじめて、今その習慣が
　　続いている(そのうちにやめるかもしれない)、という含みが感じ
　　られるのに対して、a.のほうはそういう感じがない。b.は「コノゴ
　　ロ」とか「コノトコロ毎日」とかいった修飾語が自然に付きやすい
　　がa.には付きにくい。

　寺村秀夫(1984)は、(48)のa.とb.から、「この頃」「このところ毎日」の
ような時間を表す修飾語が「スル」より「シテイル」と共起しやすいこと
を指摘し、その理由を「シテイル」が持っている持続性から捉えてい
る。(48)のa.とb.が、同じ意味を表すとすれば、両方とも持続性は
持っていると解釈するのが自然である。

　「シテイル」は本来、動きが成立し、その結果の状態がいま現在も
継続しているというある具体的な場面の表現に用いられる形式であ
る。時間を表す副詞に修飾される状態は、具体的な時幅(「この頃」
「このところ毎日」などで表現される時間的な幅)を持つようになり、そ
の状態が変化から捉えられるようになる。「この頃」「このところ毎日」な

どの時間を表す副詞が、(48)のb.と共起しやすいのは、その共起に
よって時幅が設定されると、その表現も時幅を表すことのできる形式
と共起しやすくなるが、「シテイル」が変化から捉えられる状態、つま
り、時幅の設定できる形式であるからである。「シテイル」は、ある具
体的な動きの状態を表す表現に用いられるのに対して、「スル」は、
非具体的な状態を表す表現に用いられる。恒時的なものに時間的
な制限が与えられると、時間的な幅がある程度具体化するため「スル」
より「シテイル」が表す意味特徴に適合することになり、その表現には
「シテイル」を用いるのがより自然になろう。しかし、「地球が回る」のよ
うな普遍的な事象は具体的な時幅を設定することができないので、
一般に時間的な制約が与えられる必要はない。

4.3.「スル」と「シテイル」の置き換え

　恒時的な事象には他の現在の表現と同じように「スル」が用いら
れる。この「スル」は「シテイル」に置き換えられる場合がある。しか
し、恒時的な事象に用いられる「スル」が常に「シテイル」に置き換
えられるのではない。

　(49)　a.　地球は太陽の回りを<u>回る</u>。
　　→　b.　地球は太陽の回りを<u>回っている</u>。
　(50)　a.　漢江はソウルの真ん中を<u>流れる</u>。
　　→　b.　漢江はソウルの真ん中を<u>流れている</u>。

(51)　a.　ワールドカップは四年ごとに<u>行われる</u>。

　→　b.　ワールドカップは四年ごとに<u>行われている</u>。

(52)　a.　私は夜10時のニュースステーションを<u>見る</u>。

　→　b.　私は夜10時のニュースステーションを<u>見ている</u>。

(53)　a.　人間は必ず<u>死ぬ</u>。

　≠　*b.　人間は必ず<u>死んでいる</u>。

(54)　a.　草食動物は草を<u>食べる</u>。

　≠　*b.　草食動物は草を<u>食べている</u>。

(55)　a.　子供はものを早く<u>覚える</u>。

　≠　*b.　子供はものを早く<u>覚えている</u>。

(56)　a.　日は東から出て、西に<u>沈む</u>。

　≠　*b.　日は東から出て、西に<u>沈んでいる</u>。

恒時的な事象に用いられる形式は、(49)～(52)にみられるように、「スル」が「シテイル」に置き換えられる場合もあれば、(53)～(56)にみられるように、「スル」が「シテイル」に置き換えられない場合もある。常に状態的な事象としてしか存在しないものであるのに、その表現に用いられる「スル」「シテイル」に置き換えられる場合と、置き換えられない場合があることはどう解釈されるべきであろうか。

　恒時的事象が表す状態は、動詞一つの語彙的な側面から考えれば、動きの成立から捉えられる状態であるが、事象という側面から考えれば、その状態には動きの成立が存在しないものである。(49)～(52)に「スル」と「シテイル」がともに用いられるのは動詞レベル

においての状態性と事象レベルにおいての状態性という両側面が捉えられるからであると考えられる。また、(53)～(56)に「スル」しか用いられないのは事象レベルにおいての状態性が捉えられるからであると考えられる。

(52)のような習慣を表すものは、状態が発話時に具体的に展開されるものではないが、話し手が状態を発話時に継続しているものとして認識し、表現されるものであるから、その表現に「スル」と「シテイル」の置き換えが可能になるのであろう。これは、次の(57)～(59)のような表現に用いられる「シテイル」が、発話時の具体的な状態がなくても使われることを考えれば理解できよう。

(57)　私は最近小説を<u>読んでいる</u>。

(58)　あのドラマおもしろいね。

　　　ずっと<u>見ている</u>よ。

(59)　論文は提出したでしょう。

　　　いいえ、まだ<u>書いている</u>。

話し手がある状態を、発話時以前に始まってまだ終わっていないものとして認識していれば、その表現には「シテイル」が用いられるのである。

(49)の「地球が太陽の回りを回る」と、(50)の「漢江はソウルの真ん中を流れる」のように、事象が表す状態(事実)が、常に具体的な動きから捉えられるものは、その表現に「スル」と「シテイル」の置き換

えが可能である。

　しかし、(53)~(56)のように、事象が表す状態が、常に具体的な動きから捉えられるものでない場合は、その表現に「シテイル」は用いられない。「地球が太陽の回りを回る」と「漢江はソウルの真ん中を流れる」という事実は、どの時点においてもその事実が同じように捉えられる。つまり、この事象は個別的な各時点においても全体的にもそうである。しかし「日が東から出て、西に沈む」という事実は、その全体としての事実がそうであって、ある一つの時点においてそうであるとは考えられない。日が東から出るという事実と、日が西に沈むという事実は、同一の時点のものではない。日が出るという事実と、日が沈むという事実は、個別的に存在しており、その全体が、ある具体的な時点において成立する事実として捉えられることはない。状態(事実)が、全体的でありながら個別的な時点においても有効であると捉えられる場合は、その表現に「スル」と「シテイル」がともに用いられる。状態が全体的には有効であるが、個別的な時点では有効でないと捉えられる場合は、その表現に「スル」だけが用いられる。恒時的な事象は、発話時にその状態が具体的に捉えられる場合、事実性と具体性によって「スル」と「シテイル」がともに用いられるが、発話時においてその状態が、事実的ではあるが具体的でない恒時的な事象には「スル」しか用いられない。

　しかし、(53)~(56)の表現は、(60)~(62)のように、以前から継続してきて、現時点においてもそうであるというふうに捉えられる場合、「シテイル」が使用可能な場合もある。

(60)　(ずっと観察してみたら、)子供はものを早く覚え<u>ている</u>。

(61)　(地球のあらゆる所で何かの災難で)人間は必ず<u>死んで</u>
　　　<u>いる</u>。

(62)　日は東から出て、西に<u>沈んでいる</u>。(これを変えることは
　　　できない。)

(60)～(62)のような表現は、ある事実が現在の時点においても依然
として真実(有効)であることを表す場合に用いられるもので、言っ
てみれば、恒時的な事実を過去から現在に続いているものとして
捉える場合の表現であると言える。つまり、恒時的なある事実を現
在の時点においても真実であるというふうに、現在の時点に焦点
を当てて捉える場合、「シテイル」が用いられるということである。

　しかし、具体的な動きのない恒時的な事実の中で現在もそうで
あるというふうに特別に現在の時点に焦点を当てて捉える必要のな
い事象には「シテイル」が用いられない。

(63)　a.　二に二を足すと四に<u>なる</u>。

　≠　*b.　二に二を足すと四に<u>なっている</u>。

(64)　a.　人間は食べないと<u>死ぬ</u>。

　≠　*b.　人間は食べないと<u>死んでいる</u>。

(65)　a.　学生がいなくなると学校も<u>なくなる</u>。

　≠　*b.　学生がいなくなると学校も<u>なくなっている</u>。

(63)〜(65)のような表現はだれにでも知られている単純な事実である。これらは、現在の時点においてそうであるというふうに、わざわざ現在の時点を取り立てて捉える必要のない事象である。時間を限定していま現在の状態もそうであるというふうに言う必要のない事象は、かえって「シテイル」を用いるのが不自然になる。恒時的な事象には「スル」が用いられるが、その中で、いま現在もそうであるというふうに、現在の動きとして捉えられるものには、「シテイル」が用いられるが、現在の動きとしてではなく単純な事実として捉えられるものには、「シテイル」が用いられない。つまり、恒時的な事象において、「スル」を「シテイル」に変えると、恒時的な事象が具体的な事象に変わり、よって、以前成立した動きの結果として存在する状態の表現になり、過去の事実と現在の事実が異なるものとして捉えられがちなものは、「シテイル」が用いられると恒時的な事象としては不自然になる。(63)〜(65)のように一般的な事実を表す仮定条件文は、一般的な事実ではなく、個別的な現在の事象として表す場合に「シテイル」が用いられる。

5. 状態化動詞文

5.1. 状態化動詞文とは

一般に、動詞は動的な動きが概念化したものであり、形容詞は

静的な状態が概念化したものである。しかし、動詞の中には静的な状態が概念化したものもわずかながら存在する。つまり、動詞には動き動詞が多く、状態動詞が少ないのであるが、動き動詞が状態動詞のように使われる場合がある。つまり、動き動詞が、次の(66)〜(68)のように、動きではなく状態と言える事実などを表す場合である。

> (66) 夏は熱い風が吹き、冬は冷たい風が<u>吹く</u>。
>
> (67) 溺れる者は藁をも<u>掴む</u>。
>
> (68) 明日は明日の日が<u>昇る</u>。

「吹く」「掴む」「昇る」という動詞は、「吹かない」「掴まない」「昇らない」から「吹く」「掴む」「昇る」へ、というように、時間軸に沿って成立する動きが捉えられるものである。しかし、(66)〜(68)の表現においては、「吹く」「掴む」「昇る」という動詞が表しうる動きの成立が捉えられず、ただ単に状態的なものとしてしか捉えられない。意味的には動き動詞でありながら、その使い方が状態動詞と同じようになる場合、この種の動詞は状態動詞化したと言えるであろう。本節では、これらの動詞を状態化動詞と呼び、同様に、状態化動詞の用いられる文を状態化動詞文と呼ぶことにする。

　状態化動詞が表す意味は、動きとして捉えられる動的な状態であるが、状態が発生する時点、つまり、動きの成立時点を時間軸に位置付けるものではない。(66)〜(68)は、いわゆる一般的事実を

202

表す恒時的な事象であり、この恒時的な事象が状態化動詞の文、即ち状態化動詞文に該当する。動きの成立を表すものとして用いられる動詞が状態化動詞文に用いられると、その動詞が表す動きには、動きの成立時がなく、状態的なものとして捉えられるだけである。

「時の表現」は事象が状態を表すか、それとも動きの成立を表すかによって決められる。動きの成立に用いられる動詞も、それがどの事象に用いられているかによって、動きの成立はなく、動的な状態が事実として位置付けられる場合があるのである。こういう場合、動き動詞は状態動詞化し、(66)～(68)のように「スル」で現在を表すようになる。

文の状態性は「時の表現」を決定するのに関係する。しかし、この状態性は、(66)～(68)に見られるように、動詞だけでは決められず、様々な要素から構成された文の意味によって決められる。つまり、文は動詞の意味としてではなく、全体の意味として「時の表現」に関係するのである。文が、状態を表すか、動きの成立を表すかは動詞だけで決められるのではない。動詞は文の中での使われ方によって考えられなければならないので、動詞が「時の表現」形式を決定する絶対的な要素にはならないのである。

動きの成立を表す動詞が恒時的な事象に用いられると、その動詞は状態化動詞として位置づけられるので、「スル」で現在の状態を表すようになる。

仁田義雄(1982)は、文の状態化について次のように述べている。

(69)　花子ハ(トテモ)ヨク喋ル。

(70)　彼ハ百メートルヲ十一秒デ走ル。

(69)(70)は、共に(動き)の動詞で構成されているにもかかわらず、テンス的意義としては現在を表している。「(トテモ)ヨク」や「百メートルヲ十一秒デ」の付加によって、主体の属性、潜在能力を示す状態表現化した例である。

仁田義雄(1982)は、(69)と(70)のように、何かの要素で文が状態表現化すると、動き動詞の「スル」でも現在を表すことができると指摘している。

(69)と(70)に用いられている動詞は動き動詞である。従って、これらの動詞が状態を表すためには本来「シテイル」を用いなければならない。しかし、これらの動詞が状態的な意味としてしか捉えられない事象(=恒時的な事象)に用いられると、これらの動詞は状態動詞と同じように、具体的なものではなく属性のような状態を表し、本来「スル」では表せない状態の表現が、「スル」で表せるようになる。

(69)と(70)は状態化した文である。これらの文が状態化したのは「よく」「十一秒で」のような修飾語があるからであろう。文の状態化には様々な要素が関係するが、(69)と(70)のように副詞などの修飾成分が文の状態化に関係する場合もある。

この副詞などの修飾成分による文の状態化については、次節で、考察することにする。

204

5.2. 修飾成分による状態化動詞文

　高橋太郎(1985：pp.78, 166-7)は「現在の質的な属性」のところで次のように述べている。

　「よく」や「いやに」でかざされると、動詞ができごと過程性をうしなって、その動作をするような性質をもっているという、形容詞的な意味に転じることがある。そのばあい、その性質のもちぬしが現在存在するものであり、その性質が現在にしぼられて実現する性質であると、現在の質的な属性をあらわすことになる。鈴木重幸1979で「コンスタントな属性の現在」とよんでいるのは、これである。

　　(71)　きょうはよくだっこしますね。

　　(72)　それにしても、きょうの海はよくしゃべる。

　　(73)　いやにおやじぶるな。

　　　　　　　　……中　略……

　　(74)　「この本知っている？」「いや、はじめてみる。」

　　(75)　「そんな話聞いていない。今はじめてきく、」

　　(76)　「はじめてお目にかかります。」

　これらの文は、その動詞のあらわす語い的意味をとおしてさししめす動作のできごと過程的な側面をきりすてて、二次的にひっぱりだした特徴的な側面をのべている。つまり、それらが2回めでも3回めでもなく、はじめてだということをのべている。

205

そして、そのことによって、アスペクトから解放されている。

　これらの文でさししめされているできごと過程は、精密にみると、発話の直前に成立している。だから、これを完成相過去形で述べることもできる。

　(77)　そうなの、ああ、はじめてきいた。

　(78)　いや、これは旦那、よいところでおめにかかりました。

　直前におわった動作、あるいは、直前にはじまったあいての動作をなじるばあいにも、非過去形と過去形の両方がつかわれる。

　(79)　これこれ、またしゃべる。

　(80)　また、あんたいらだつ。

　(81)　また、あんたうそいうわ。

　(完成相非過去形が二人称につかわれて、あいての直前の、または、直前からつづく行為に対するなじりをあらわすばあいがある。このばあい、なじりという話し手のきもちがくっついているのだが、できごと過程としてのべておらず、アスペクトから解放されている　……　p.78)

(71)～(73)は、状態の表現のように属性を表し、現在を表すという高橋太郎(1985)の指摘には同意する。しかし、(74)～(76)と(79)～(81)についての捉え方は、「ル」形の用いられる理由が明らかにされておらず、より具体的な考察が必要と思われる。

　これらは事象が発話時に展開されるものである。つまり、現在の

状況を捉える表現である。これらの表現は、動詞の動的な意味に
焦点が当てられておらず、動詞を修飾する副詞に焦点が当てら
れ、文全体が属性のような状態性を帯びるようになる。つまり、展
開されている動詞の属性的なところが捉えられる表現である。ある
行為や状況に対して、それを状態的なものと捉え、その状態が現
在のものであるということを表すものと考えられる。これは、修飾成
分による文の状態化の中で捉えられる表現であろう。

　(71)～(73)と(79)～(81)は他人のことを捉えるものであり、(74)～
(76)は自分のことを捉える表現である。(74)～(76)については次節
で考察することにし、まず、(71)～(73)と(79)～(81)について見ること
にしたい。

　(71)～(73)のような「よく(いやに)何々する」というのは、現在やっ
ている行為が通常の行為と状況的に違うということを表す。つま
り、「よくだっこする」というのは、普段だっこしない性格の子が今日
は珍しくその性格が変わったようによくだっこするということを表す。
つまり、「だっこする」というのは、よくすることもそうではないこともあ
り、対象の持っている属性の中で現在どうであるのかを表す表現
が(71)であると考えられる。

　(79)～(81)のような「また何々する」というのは、現在やっている行
為がその行為者の性格ともいうべき状態の現れであるということを
表す。つまり、「またうそいう」というのは、よくうそを言う人が発話時
にまたその性格・属性を露出したことを表す。

　(71)～(73)と(79)～(81)は、両方とも発話時に現れている状態的な

側面を捉えた表現であり、動きの成立時を時間軸に位置づけた表現ではない。つまり、「よく何々する」「また何々する」は動作主の行為に対する話し手の状態と言うべき評価などを表すものである。従って、これらの表現はある対象が赤か青かを表す状態の表現のように、現在の状態を表す表現であると考えられる。話し手は、対象の動き(行為)の成立如何を問題にするのではなく、その行為に対する評価だけを問題にし話すのである。また、これらが具体的な動きの持続を表すものであれば、「シテイル」が用いられるであろう。

　(71)～(73)は、高橋太郎(1985)の指摘の通り、「よく」と「いやに」の修飾があるために、また、(79)～(81)は「また」の修飾があるために、文が状態化し、「スル」で現在の表現が可能になるものである。従って、これらが現在の表現に用いられる形式は、文の状態性から捉えられるべきものであり、これらをテンスから解放された「時の表現」の例外と考えることは正しくない。

　(71)～(73)と(79)～(81)は、「シタ」か「シテイル」が用いられなければならないものであるが、これを修飾限定する何かの要素によって文の性質が変わり、その動詞が状態動詞化したので「スル」で現在の状態を表すのであるということである。

　しかし、「よく」と「また」のような修飾成分があっても、「シタ」と「シテイル」の文になると、その表現は動詞の動きに焦点が当てられるものになり、単純に過去を表す(「シタ」)か、動きの成立した結果続いている現在を表す(「シテイル」)ものになる。

(82)　a．あなたよく喋った。

　　　b．あなたよく喋っている。

(83)　a．あなたまた嘘をついた。

　　　b．あなたまた嘘をついている。

(82)〜(83)のように、「シタ」が用いられる表現は単純な過去を表す
ものになり、「シテイル」が用いられる表現は現在行為をしているこ
とを表すものになる。つまり、修飾成分があっても「シタ」と「シテイ
ル」が用いられるようになると、単純に動詞を修飾するだけのもの
になり、それは状態化した表現にならず、普通の表現になるので
ある。

　これらの修飾成分は「スル」文に用いられると、その文が状態化
し、「スル」で現在を表すようになる場合がある。しかし、この修飾
成分が「シテイル」文に用いられると、その文は状態化せず単純な
現在の表現になるのである。

5.3.　状態化動詞文を作る修飾成分と「シテイル」

　文を状態化する修飾成分の中には「初めて」もある。この「初めて」
は文を状態化し、「スル」で現在の表現を可能にする。「初めて
何々する」というのは「何々するのが初めてだ」という意味で、ある事
柄が話し手にとって初めてであることを表す。これは、「何かを見な
がら、あるいは、食べながら」というように、ある事態が発話時に展

開されている場合に用いられる表現で、その起っている状態が発話時において初めてだということである。「初めて」の代わりに「二回目に」「三回目に」のように回数を表す修飾成分が用いられる場合も同様である。

　「よく」や「また」のような修飾成分と同じように、「初めて」のような修飾成分も「シタ」と「シテイル」が用いられ、動詞の動きに焦点が当てられた表現ができる。

　しかし、「初めて」の文は現在の表現でありながら、「シテイル」との置き換え関係が、「よく」「また」の文とは多少異なっている。つまり、「初めて何々する」という文は、内容によっては「シテイル」文になりにくいものがある。

(79)　a. こんなにおもしろい映画は初めて<u>見る</u>。

　　　b. こんなにおもしろい映画は初めて<u>見た</u>。

　　　c.? こんなにおもしろい映画は初めて<u>見ている</u>。

(80)　a. 彼女には初めて<u>会う</u>。

　　　b. 彼女には初めて<u>会った</u>。

　　　c.? 彼女には初めて<u>会っている</u>。

(81)　a. 私は子供を初めて<u>叱る</u>。

　　　b. 私は子供を初めて<u>叱った</u>。

　　　c.? 私は子供を初めて<u>叱っている</u>。

(82)　私はそのとき富士山を初めて<u>見ている</u>。

(83)　彼はこれを初めて<u>経験している</u>。

210

(79)〜(81)に見られるように、「初めて」という修飾成分は「スル」と「シタ」の文では自然であるが、「シテイル」の文になるとやや不自然になる。これは、「シテイル」が状態の内部の一点を表す表現であるのに、「初めて」が、その内部の一点だけを修飾することはないからである。これらの表現は、「シテイル」でも自然な文のように見えるが、「見る」のがずっと続いていると、それは「見ている」になるのと同じように、例えば、「見る」という動きが「初めて」になるためには、「見る」という動き全体が「初めて」にならなければならない。これは「シテイル」が動作進行や結果残存のように発話時における具体的な状態を表すからであろう。(82)と(83)のように、「シテイル」が経験を表す場合は「初めて」が共起することもある。

　「初めて」という副詞が、動き動詞のどういう側面を修飾しているかを見るために次のような例を考えてみよう。

　　(84)　日本には大学が<u>多い</u>。
　　(85)　日本の大学は<u>大きい</u>。

(84)と(85)を例に出したのは、述語になっている形容詞が、対象である名詞の内部を一つ一つ表しているか、全体として表しているかを見るためである。これによって「初めて」が、動きの内部の時点を修飾するのか、それとも、全体として修飾するのかということを同じように捉えることができる。

　(85)は、大学の一つ一つが大きいということを表している。これに

211

対して、(84)は、一つの大学が多いのではなく、全体として多いということを表している。この「多い」の文と同じように、「初めて」も継続する動きのある一時点だけを取り上げることはできない。「初めて」は、「見ている、会っている」などがさす時点だけを修飾するのではなく、「大学が多い」という文と同じように、その動きの全体を修飾する。つまり、「初めて」は動きの過程的な内部の時点を修飾することはない。動きの内部の一点が初めてであるとすれば、その後に続いている時点を、「初めて」で位置づけることは論理的に妥当ではない。結局、ある動きにおける「初めて」というのは、その動き全体が初めてであるということである。従って、「初めて」は、事象の内部の一時点（「シテイル」で表される）を修飾することができないのである。「初めて」が、動きの成立を表わす「スル」か「シタ」としか共起しないのはこのためである。

　発話時に「初めて」であるというのは、事態に接した過去の時点から、現在までが初めてなのである。これは動作が継続しているときはもちろん、それが終わっても、話し手にとって、その動作は初めてのままである。動きが終わるか終わらないかは、それが初めての状態であることには影響しない。「初めて」であるというのは、過去の状態から捉えられても、その状態が変わらない限り、そのまま現在の状態として捉えられる。「初めて」に修飾される文に、過去の状態として捉えられる形式「シタ」と、現在の状態として捉えられる形式「スル」が用いられるのは、こういう理由からである。「スル」と「シタ」のどちらの表現でも、現在においては初めてになるわけであ

212

る。しかし、副詞によって状態化される事象でも、それが「シテイル」と共起できるものは、(85)の「大きい」のように全体の属性を表しているが、それは一つ一つの属性を表すことから構成されるものと同じことである。従って、「よく」のようなものは「シテイル」を修飾してもいいわけである。

6. 結論

現在を表すものとして捉えられる事象がどういうものであるかを、正しく捉えることによって「時の表現」で例外視される表現を考え直すことができる。現在というのは一つの時点である。何かを表現する行為は発話であるが、この発話を実現するには一定の時間がかかる。発話時に具体的な状態として捉えられる事象は、発話行為をする間に継続していることが前提である。つまり、現在の表現は発話時に継続できる事象についてのみ可能なものであり、そうした事象は他ならぬ状態である。現在というのは、発話時の瞬間であるが、発話行為は一定の時間継続するものであるから、言語表現における現在というのも、瞬間の連続として捉えなければならない。

(86)　蒋さんは隣の部屋で論文を書いている。
(87)　蒋さんはいろんな論文を書いている。

213

(88) 彼は先から運動場を<u>回っている</u>。

(89) 彼は毎朝一回学校の周りを<u>回っている</u>。

(90) 地球は太陽の周りを<u>回っている</u>。

現在の表現は継続する発話時に対応して存在することについて可能になる。これには具体的なこともあれば、抽象的(非具体的)なこともある。具体的なことというのは、(86)と(88)のように、目の前で展開されている状態を直接に捉える場合であり、抽象的なものというのは、(87)と(89)のように、話し手が現在そうであると認識して捉える場合である。現在の表現は、具体的な事象だけでなく、抽象的な事象にも可能であることに注意しなければならない。

　さらに、現在の表現はそれが発話時に有効な事実であるという点で共通しているが、その状態の存続する時間的な幅から考えれば、(88)～(90)にみられるように、三つのタイプに分けられる。つまり、発話時に捉えられる状態は、(88)のようにその発生が明確な場合([図7]のA)も、(89)のようにその発生が明確でない場合([図7]のB)も、また、(90)のようにその発生が存在しない場合([図7]のC)もある。しかし、現在の表現は以前から継続しているものが発話時に存続していれば可能なものであるから、発話時以前の状態の発生については無関心(中立的)であると言える。現在の表現に「スル」と「シテイル」が置き換えられるのもこのためでる。つまり、現在の表現は発話時に継続する状態を捉えるものであって、その状態がいつ発生したかは問題にされない。

214

現在の表現が時間軸にどう位置づけられるのかを示せば、次の
【図7】のようになる。

【図7】

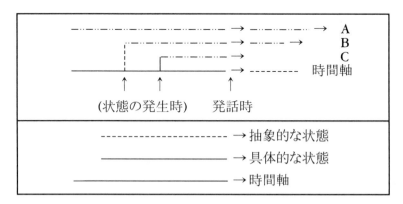

【図7】の中のAは、状態の発生時が時間軸に明確に位置づけられ
る事象を表し、Bは、状態の発生時が時間軸に明確に位置づけら
れない事象を表す。さらに、Cは、状態の発生時が存在しない事
象を表す。また、下の点線と実線は発話時に存在する状態が抽
象的である場合も、具体的である場合もあることを示したものであ
る。

第八章

状態表現における現在の表現形式
― その意味と制約 ―

1. 問題設定

　現在を表す動詞の形式は、一般的に状態動詞が「スル」であり、動き動詞が「シテイル」である。動きの成立を表す動詞が「スル」で現在を表すのは、第七章に述べたように、文が状態化した場合に限られる。現在の表現を示せば、次の(1)の通りである。

(1)　a. 筑波大学にはすばらしい先生が大勢い<u>る</u>。
　　　　うちの研究室はこの建物の6階に<u>ある</u>。
　　　b. 学校の中にはいろいろな施設が<u>整っている</u>。

パソコンは学生の間にもかなり<u>普及している</u>。

 c. 彼は100メートルを11秒で<u>走る</u>。

   私は朝早く<u>起きる</u>。

「ある・いる・要る・できる」などの状態動詞は、現在の表現に「スル」が用いられる。しかし、次の(2)〜(4)に用いられる動詞は、状態を表しながらも、現在を表す形式が「ある・いる・要る・できる」などの動詞とは異なっている。

(2) a. 町の後ろには山が<u>そびえている</u>。

  b. 二人は論文の書き方が<u>似ている</u>。

  c. 彼の車はいい<u>形をしている</u>。

  d. 私は彼女をよく<u>知っている</u>。

(3) a. 彼の声は後ろまで<u>聞こえる</u>。

  → 彼の声は後ろまで<u>聞こえている</u>。

  b. この香水はいい<u>匂いがする</u>。

  → この香水はいい<u>匂いがしている</u>。

  c. この現象は普遍的に<u>存在する</u>。

  → この現象は普遍的に<u>存在している</u>。

  d. 彼の考え方はかなり<u>違う</u>。

  → 彼の考え方はかなり<u>違っている</u>。

  e. 私も同じように<u>考える</u>。

  → 私も同じように<u>考えている</u>。

(4)　a.　この仕事は<u>疲れる</u>な。

　　　b.　今日は本当に<u>疲れた</u>。

　　　c.　彼は最近仕事で<u>疲れている</u>。

　　　d.　忙しいのに仕事が重なって<u>困る</u>な。

　→　忙しいのに仕事が重なって<u>困った</u>な。

　　　e.　彼は生活費で<u>困っている</u>。

　動詞の現在を表す形式には「スル」と「シテイル」があり、(1)に見られるように、「スル」が動きの成立から捉えられない状態((1)のa.とc.)を、「シテイル」が動きの成立から捉えられる状態((1)のb.)を表すという点で二つは異なっている。状態の表現にしか用いられない動詞の現在を表す形式は、「スル」だけで充分であるように思われるが、(2)～(4)に見られるように、「シテイル」だけが用いられる場合も、「スル」・「シテイル」が用いられる場合も、「スル」・「シタ」・「シテイル」が用いられる場合もあり、その現れ方が一定ではない。

　動詞が状態の表現に用いられるものであるにも関わらず、現在を表す形式に以上のような違いが見られることはどう解釈すべきであろうか。以下、現在の状態を表す表現に用いられる形式について考察していきたい。

2. 状態動詞の現在の表現形式

2.1. 状態の表現

(ある、いる、できる)などの一部の動詞を除き、基本形とみなされる形式で現在の状態を表すのは、形容詞・形容動詞・断定助動詞「ダ」など(以下、形容詞に代表させる)の表現である。動詞の大部分は時間軸上に沿って現れる動きでその意味内容を構成している。つまり、動詞が表す意味は変化・動作などの動きであり、この動きの成立如何を「スル」と「シタ」が表すのであり、動きの成立に伴う状態を「シテイル」が表すのである。

　動詞で表す状態は形容詞で表す状態とどういう関係にあるのか、さらに動詞の「スル」と「シテイル」で表す状態はどういう関係にあるのか、ということから考えることにしたい。

(5)　韓国の山は<u>美しい</u>。

(6)　韓国の山は<u>美しくなる</u>。

(7)　日本語科の研究室は<u>きれいだ</u>。

(8)　日本語科の研究室は<u>きれいになる</u>。

(9)　これはかなり<u>太い</u>。

(10)　こんなに食べると<u>太る</u>。

(11)　外は雨が<u>降っている</u>。

(12)　地震で家が<u>倒れている</u>。

　(13)　彼は国を離れている。

　一般に、形容詞が状態を概念化したものであるのに対し、動詞が動作や変化などの動きを概念化したものであるという点で、形容詞と動詞は意味を異にしている。しかし、動詞と形容詞はともに状態や動きの成立の表現ができ、(6)と(8)のように、形容詞も動きの成立の表現に用いられるし、(11)～(13)のように、動詞も状態の表現に用いられる。さらに、(9)と(10)のように、状態と動きの成立が一直線上に位置づけられ、一つの概念から動詞と形容詞の両形式を存在させる場合もある。(5)と(7)のように、形容詞・形容動詞が表す状態は、動きの成立から捉えられるものではないのに対して、(11)と(12)のように、動詞で表される状態は動きの成立から捉えられるものである。もちろん、動詞で表現される状態には、(13)のように、動きの成立が具体的でないものもある。また、後述するが、「聳えている・似ている」などの表現のように、動きの成立を表す形式「スル」が用いられず、動きの成立から捉えられる状態を表す形式「シテイル」だけが用いられるものもある。

2.2.　状態表現における「シテイル」の意味

　状態動詞における現在の表現は一般的に「スル」が用いられるが、「シテイル」が用いられる場合も多い。これと関連して状態表現における「スル」と「シテイル」が表す意味について考えてみよう。

(14) a. 彼女は年に三回国に帰る。

→ b. 彼女は年に三回国に帰っている。

(15) a. 彼は100メートルを11秒で走る。

→ b. 彼は100メートルを11秒で走っている。

(16) a. 母はいつも朝早く起きる。

→ b. 母はいつも朝早く起きている。

(17) a. 地球上にはまだ知られていないものが存在する。

→ b. 地球上にはまだ知られていないものが存在している。

(18) a. 先生はいま論文を読んでいる。

≠ b. 先生はいま論文を読む。

(19) a.彼は友だちに手紙を書いている。

≠ b. 彼は友だちに手紙を書く。

(20) a. 彼女はアメリカに留学している。

≠ b. 彼女はアメリカに留学する。

(14)～(20)のa.は、現在の状態を表す表現である。(14)～(17)にみられるように、状態を表す「スル」の文は「シテイル」の文に置き換えられるが、(18)～(20)にみられるように、状態を表す「シテイル」の文は「スル」の文に置き換えられない。つまり「スル」と「シテイル」の両形式の表現が可能な場合、「スル」の文が状態を表していれば、その文をそのまま「シテイル」の文にしても状態を表すが、「シテイル」の文が状態を表すからといって、その文をそのまま「スル」の文にした表現が状態を表すとは限らない。これは、「スル」が状態を表さな

いことはあっても、「シテイル」が状態を表さないことはないということ
を意味する。つまり、「スル」は動きの成立の表現にも、状態の表
現にも用いられる形式であるが、「シテイル」は状態の表現にしか
用いられない形式である。

　「ある・いる」などの動詞を除き、状態の意味が動きの成立から捉
えられない動詞は、「存在する・現存する、異なる・違う」などのごく
一部にしか存在しない。このごく一部の動詞を除き、現在の具体
的な状態を表す表現に「スル」が用いられる場合はない。もちろ
ん、動詞の意味は文の中で捉えられるものであるので、文のレベ
ルで常に状態の表現にしかならず、意味的にそれと対立する文を
持たない表現に用いられる動詞は、「スル」で現在の状態を表す。
これは前述したとおりである。動詞からなる状態の表現は、「存在
する・現存する、異なる・違う」などの動詞を除き、すべてが、動き
の成立した結果から位置づけられ、「シテイル」がそれに用いられ
る。動詞からなる状態の現在の表現に「シテイル」が用いられるとい
う事実は、動詞の全般に該当する。動詞の状態の表現にはほぼ
「シテイル」が用いられるというこの事実から、「状態の表現という
と、これを表す形式は「シテイル」である」という仮設を立てるのは不
自然ではない。こうなると、動きの成立から捉えられない状態の表
現に「シテイル」が用いられる理由づけも考えられる。つまり、動詞
において状態の表現というと、その専用形式のような「シテイル」が
優先的に選ばれ、「スル」だけでも充分な状態の表現に、「シテイ
ル」が用いられるようになるということである。さらに、「スル」を用い

223

る代わりに「シテイル」を用いることは、「シテイル」を用いることによって、同じ状態の表現でありながらも、状態のニュアンスが現在の時点に絞られ、状態の具体性が表現されるからである、ということも考えられる。但し、以上の説明は、「スル」の文と「シテイル」の文が意味的に対立していない場合に限られる。

2.3.「アル・イル」と「シテイル」

「ある・いる」に「テイル」が付かないのはこれらが状態を表すからであるという解釈は、「存在する」などの他の状態動詞に「テイル」が付くことから、成立しなくなる。動きの成立から捉えられる状態の表現に「シテイル」が用いられるのは当然である。動きの成立から捉えられない状態の表現に「シテイル」が用いられるものについては前節で考察した。それでは、「ある・いる」に「テイル」が用いられないことはどう解釈できるであろうか。その理由を「ある・いる」の形態的・意味的な面や動き動詞との関係などから考察したい。

(21) 私には親が<u>いる</u>。(生きている)

(22) 彼にもパソコンが<u>ある</u>。(持っている)

(23) 筑波大学には立派な先生が沢山<u>いる</u>。(つとめている)

(24) ぼくの部屋の壁には地図が<u>ある</u>。(掛かっている)

(25) 日本語学の研究室は六階に<u>ある</u>。(なっている、配置さ

224

れている)

(26)　筑波大学には学生のための寮が<u>ある</u>。(立てられている)

(27)　宇宙には星がたくさん<u>ある</u>。

　まず「ある・いる」の形態的・意味的な面から考えてみよう。「ある・いる」は、「~テイル、~テアル」のように、他の動詞の状態表現を作る補助形式として用いられる。これは「ある・いる」がそれにふさわしい意味と形式を備えているいるからであろう。この過程を明らかにするには歴史的な考察が必要であると思われるが、本書では歴史的な部分についてはふれないことにする。「ある・いる」に、同じ形式でありながら同じ意味を持つ補助形式を付けるのは、重複され形態的にも意味的にも適切ではない。このために「ある・いる」に「テイル、テアル」が付かないではないかと考えられる。

　次は「ある・いる」を動き動詞との関係から考えてみよう。(21)~(26)にみられるように、「ある・いる」の文はその意味を殆ど変えずに動き動詞の「シテイル」に置き換えられる。この事実から、「ある・いる」が表す状態は動きの成立した結果から得られるものであると仮定できる。「ある・いる」が表す状態を動きの成立から出てくるものであると仮定すると、これから次のような説明ができる。「ある・いる」は、動きの成立があって、その動きの成立から捉えられる状態を表しているが、動きの成立は動き動詞が表し、「ある・いる」は動き動詞の「シテイル」の部分に当たる状態だけを表す。動き動詞は、動きの成立も表し、動きの成立から捉えられる状態も表し、「スル」

と「シテイル」がともに用いられる。これに対して、「ある・いる」は動き
の成立の側面は問題にせず、動きの成立から捉えられる状態の部
分だけを表す。即ち、「ある・いる」は、「スル」で表される「動きの成
立」と「シテイル」で表される「動きの成立＋状態」のうち、「動きの成
立＋状態」の部分を表すという解釈ができる。

　状態の表現にしか用いられない他の動詞には「スル」と「シテイ
ル」がともに用いられるが、「ある・いる」は動きの成立から捉えられ
る状態、つまり、動き動詞の「シテイル」の部分だけを表すもので
あるから、これにまた「テイル」を付けることは、最初から不必要な
ことになる。状態動詞も「シテイル」の意味特徴から「テイル」が付
けられるが、「ある・いる」に「テイル」が付かないのは、「ある・いる」
が、動き動詞が担当する動きの成立から捉えられる状態の部分を
表すからであると考えられよう。しかし、「テイル」が今よりもっと形
式化すると、「ある・いる」に「テイル」が付かないとも限らないであ
ろう。

　(27)のように、「ある」が表している意味を分析してみても、その背
景に動きの成立を考えることができない場合もある。しかし、動き
の成立から捉えられる状態と動きの成立のない状態が、同じ意味
を表しているとすれば、この二つの状態を表すのに一つの形式が
用いられるのは不自然ではない。

3.「シテイル」の現在

3.1.　問題設定

　状態を表す「シテイル」の文は、これと対立する「スル」の文が存在し、一般に、この「スル」の文は、動きの成立を表すか、あるいは、「シテイル」の文と同じように状態を表す。

 (28) a. 彼は日本語を<u>教えている</u>。

    b. 彼は後で日本語を<u>教える</u>。

 (29) a. その現象は密林において<u>存在している</u>。

 → b. その現象は密林において<u>存在する</u>。

(28)と(29)のように、状態を表す「シテイル」の文は、一般に形態的な面からして、これと対をなす「スル」の文が存在し、この「シテイル」の文と「スル」の文が、(28)のa.とb.のように、意味的に対立する場合と、(29)のa.とb.のように、意味的に対立しない場合がある。意味的に対立するというのは、「シテイル」の文と「スル」の文が、状態と動きの成立を表す場合であり、意味的に対立しないというのは、「シテイル」の文と「スル」の文が、ともに状態を表す場合である。

　しかし、状態を表す「シテイル」の文が、これと対立する「スル」の文を持たないものもある。

(30)　a．筑波には筑波山が<u>聳えている</u>。

≠　*b．筑波には筑波山が聳える。

(31)　a．彼は母に<u>似ている</u>。

≠　*b．彼は母に似る。

(32)　a．彼の学問は<u>優れている</u>。

≠　*b．彼の学問は優れる。

(33)　a．この服は派手な<u>色をしている</u>。

≠　*b．この服は派手な色をする。

(30)～(33)は、状態を表すもので、「シテイル」は用いられるが、これと対立する「スル」の文は動きの成立の表現にも、状態の表現にも用いられない。

　(30)～(33)の「聳える・似る・優れる・色をする」のような動詞は、一般に、状態の表現にしか用いられないので、「ある・いる・要る・可能動詞」などの状態動詞と同じように、「スル」が用いられることも予想されるが、「スル」が用いられないことについてはどう解釈すべきであろうか。以下、これらの動詞について考察する。

3.2. 単なる状態の実体とその意味

(34)　日本には富士山が<u>聳えている</u>。

(35)　山の道だからかなり<u>曲がっている</u>。

　　　(変化のない空間描写に用いられるもの)

228

(34)と(35)の「シテイル」の文は、対象の状態がそうであるということ
を表すだけで、一般にその状態が実際の変化から捉えられること
はない。これらは「シテイル」の意味の中で、単なる状態を表すもの
として、独立して位置づけられている。まず、この点から考えてい
こう。これが正しく位置づけられると、いわゆる単なる状態の表現
に「シテイル」しか用いられない理由を明らかにすることができる。

　高橋太郎(1985：p.91)は、「「単なる状態」について」のところで次
のように述べている。

　　変化動詞の継続相は動詞のあらわす変化の結果の局面の
　なかにあるすがたをあらわす。その局面は静止の局面であ
　り、しかも、そのあらわすすがたは、変化の局面をきりおとし
　たすがたである。その点で、変化動詞の継続相は、静止的な
　状態の持続過程のなかにあるすがたをあらわすといえるだろ
　う。この側面だけに注目すると、それは、つぎのような、いわ
　ゆる「単なる状態」を表すものと共通である。

　　(36)　山がそびえている。

　　(37)　道がまがっている。

　けれども、単なる状態というのは、変化の結果としてそうなっ
たのではなくて、はじめからそうなのである。この点が継続相
の基本的な意味とことなる。変化動詞の継続相があらわすの
は、変化の結果の局面であるところの静止的な状態の持続の
過程のなかにあるすがたであって、変化の結果の局面である

かないかという点が両者をおおきくわける。継続相は、動作の
一定の局面を、その始発と終了のあいだのどこかできりとって
さしだすのであって、その点で、完成相がその始発から終了
までをふくめてまるごとさしだすのと対立するのである。それに
対して、単なる状態のほうは、対立する完成相をもたない。だ
から、きびしくいうと、それは継続相でさえないのである。

高橋太郎(1985)は、変化動詞の「シテイル」と単なる状態の「シテイ
ル」における状態の意味を同質のものと捉えながらも、これを「スル」
と「シテイル」の対立から考えている。このため、変化から捉えられ
る状態の表現に用いられる「シテイル」と、単なる状態の表現に用
いられる「シテイル」を、異なるものとして捉えている。変化(＝動き
の成立)の結果としての状態を表すものと、変化のないはじめから
の状態を表すもの、を異なるものとして捉えると、状態を表す全て
の「シテイル」の文に、動きの成立の如何を捉えて、その違いを設
けなければならなくなる。

(38) 彼はいま国を<u>離れている</u>。

(39) 韓国と日本は<u>離れている</u>。

(40) 彼ら在日韓国人3世は国を<u>離れている</u>。しかし、祖国を
忘れはしない。

(38)は、国にいたものがある時点に国を離れたことを表す表現であ

る。この表現に用いられる「シテイル」は、動きの成立があるので変化動詞が表す「シテイル」である。韓国と日本は地理的に最初から離れている国である。(39)に用いられる「シテイル」は、動きの成立がないので、単なる状態を表す「シテイル」である。(40)も、(39)と同じ「シテイル」の文で、この文から動きの成立を捉えることはできない。(40)は、意味の面からみれば、(38)と同じであると言えるが、動きの成立の面からみれば、(39)と同じである。変化の結果としての状態を表すものと、変化のないはじめからの状態を表すものを異なるものとして捉えると、動きの成立の面からして、(39)と(40)は、最初から離れていたことを表す表現であるので、同じものになるが、(38)と(40)は、人が国を離れていることを表す表現であるので、その意味が同じであるにも関わらず、異なるものとして考えなければならなくなる。結局、この区別はそれほど意味を持たないものであると言える。

　このような区別が意味を持たないのは、次のことからも明らかになろう。動詞によって表現される状態は、動きの成立という変化を前提にして捉えるものであり、「シテイル」がその表現に用いられる。「ある・いる」などの一部の動詞を除き、変化の結果から位置づけられない状態は形容詞で表現される。この事実から、変化の結果から捉えられない状態の表現に用いられる形式「シテイル」を例外的に考え、「単なる状態」を設けるのであろう。しかし、変化の結果から捉えられない状態が、変化から捉えられる状態と全く同じ意味を表すとすれば、「単なる状態を表すもの」というのは、別に項目

を設ける必要がない。

(41) この道は地震で<u>曲がっている</u>。

(42) この釘は<u>曲がっている</u>。(打ち損ねて)

(43) この釘は<u>曲がっている</u>。(最初から)

変化の結果としての状態と変化のないはじめからの状態とが、全く同じ意味を表すとすれば、これらの状態は一つの形式で表現すれば充分であろう。状態に、変化(動きの成立)が具体的にあったかどうかに関係なく、その二つの表現が表す状態の意味が同じであるとすれば、この二つの表現を一つの形式で表すのは極めて自然なことである。変化の結果として生じる状態は、それが独立して一つの状態として概念化(一つの意味を表すものとして位置づけられること)すると、その意味は変化の有無に関係なく、ある一つの状態の表現として用いられるのである。単なる状態というのは、変化の結果から生じるものではないので、「スル」を用いることはできないが、その意味が生まれる過程から考えると、これは変化の結果から捉えられる「シテイル」の状態と、同じ意味であると言える。(35)に用いられる「曲がっている」は、(41)に用いられる「曲がっている」と全く同じ状態を表す。(42)と(43)も、何かが曲がった結果生じた状態が概念化し、その意味が用いられた「シテイル」の表現である。(42)には変化があり、(43)には変化がないというように、変化の有無から区別し、この二つを異なるものとして捉えるのは無意味で

あると言わざるを得ない。単なる状態というのは特別な意味を持つものではない。

「シテイル」は、「スル」から生まれてくる意味であるが、「シテイル」が用いられるからといって、それに対応する「スル」の文が存在する必要は必ずしもない。単なる状態の文は、変化を表す「スル」から概念化された意味が用いられ、この段階で、変化の結果から捉えられる「シテイル」の文と同じものになるが、単なる状態の文それ自体には、変化を表す「スル」の文を想定することができないため、「スル」の文が存在しないのである。

(34)の「聳えている」においても、「シテイル」が用いられるのに、「スル」が用いられない理由は、以上のように解釈できる。「道が曲がっている」と同じように、「山が聳えている」を、地核の変動によるものとして考えるならば、「山が聳える」動きは、一般に目にするものではないので、捉えることができないにしても、「山が聳えている」という状態は動きの成立の結果であるというふうに捉えることができる。

(34)と(35)が表す状態は、それ自体に変化が認められなくても、その意味は変化の結果から捉えられる状態を概念化したもので、これらの表現に「シテイル」だけが用いられるのはこのためであると考えられよう。「道が曲がる」「山が聳える」という表現から、変化を捉えることができるとしたら、「スル」を用いることも可能になろう。

3.3.「優れている・似ている」と「知っている・住んでいる」

3.3.1.「優れている・似ている」

    (44)　彼は言語学に関する能力が非常に<u>優れている</u>。
    ≠　*彼は言語学に関する能力が非常に優れる。
    (45)　そんなものは筑波にも<u>ありふれている</u>。
    ≠　*そんなものは筑波にもありふれる。
    (46)　彼女はお母さんに<u>似ている</u>。
    ≠　*彼女はお母さんに似る。

(44)～(46)は、その意味が、形容詞が表す状態の意味と同じような
ものであると言える。さらに、これらは、動詞で表している状態の表
現でありながら、現在の表現に「スル」が用いられない。こういう点
から考えれば、(44)～(46)は、動きの成立から捉えられるものである
が、実際において、その動きの成立が捉えられなくなり、状態を表
す表現だけに用いられるようになったものである。というふうに仮定
できる。

　これらの状態は動きの成立から捉えられるものであると言った。
しかし、この状態は、結果として捉えられる状態が、それ以前の状
態から時間の経過とともに捉えられるものではない。「優れている」
というのは、もっぱら「優れている」のであって、これが「優れていな
い」状態から変化したものとして位置づけられることはない。「似て

234

いる」も同じで、もし、これが変化から捉えられる場合なら、「似て来る」というような表現が用いられるであろう。これらは、現れている状態から動きの成立が考えられるが、実際、現れる前の状態を想定することはない。つまり、状態の意味に反対の概念が存在するので、変化は想定されるが、これらの状態は、「葉が落ちている」が「葉が落ちていない」状態からの変化であることと違い、ある状態から反対の状態へ変わったものとして捉えられるものではない。他の動詞が表す状態は動きの成立を前後にして、以前と以後の状態が存在しているのに対して、これらは動きの成立した以前の状態が存在しないので、ある状態から時間の経過とともに反対の状態へ変化することを表すのに用いる「スル」形が用いられないのである。これらの表現は実際の変化が捉えられないので、「スル」を用いることはできなくなるが、その状態の現れを動きの成立から位置づけることから「シテイル」が用いられるようになったものであると考えられる。

3.3.2. 「知っている・住んでいる」

(47) 私は彼を<u>知っている</u>。

　≠ ＊私は彼を知る。

(48) 先生は取手に<u>住んでいる</u>。

　≠ ＊先生は取手に住む。

235

(47)と(48)に用いられる動詞は、変化を表すものであるが、主に状態の表現にしか用いられないものである。「知る」という動詞は、知った後の知っている状態を表すのではなく、知らない状態から、知るようになる状態への変化を表すものである。「住む」という動詞も、住むようになってからの、その住んでいる状態を表すのではなく、住んでいない状態から住むようになる状態への変化を表すものである。「知る・住む」は変化を表す動詞であるから、「スル」が用いられる表現は、未来に成立する動きを表し、発話時に継続している状態を表すことができないのである。変化動詞における現在の状態というのは、変化の結果から捉えられる状態を意味するので、変化動詞の状態を表す「シテイル」が、「知る・住む」の現在の表現に用いられるのである。

3.4. 形式動詞「する」における状態の表現形式

「の」や「こと」などの形式名詞と同じように、動詞にも実質的な意味はほとんどなく、形だけが用いられるものがある。次の(49)～(53)に用いられる動詞がそれである。

 (49) a. これは赤い色<u>をしている</u>。
 ≠ *b. これは赤い色をする。
 (50) a. この時計は指輪の形<u>をしている</u>。
 ≠ *b. この時計は指輪の形をする。

236

(51)　a．彼は円い顔をしている。

　≠　*b．彼は円い顔を顔をする。

(52)　a．この部屋はいい匂いがしている。

　→　b．この部屋はいい匂いがする。

(53)　a．あれはいい感じがしている。

　→　b．あれはいい感じがする。

(49)～(53)に用いられる「スル」と「シテイル」は、本動詞として持っている意味(何かの行為をするという意味)はなく、補助的に用いられるだけの動詞である。以下、これらを形式動詞と呼ぶことにする。

　現在の表現に「シテイル」だけが用いられる動詞について考察しているが、この節では、同じ形式動詞でありながら、「シテイル」と「スル」が現在の表現に用いられるものもあり、この二つの形式動詞の文を合わせて考察の対象にする。

　(49)～(53)は現在の状態を表すものであるが、(49)～(51)では「シテイル」だけが用いられているのに対して、(52)(53)では「スル」と「シテイル」がともに用いられている。同じように形式動詞として現在の状態を表すものでありながら、(49)～(51)と(52)(53)では、その表現形式が異なっており、「時の表現」の現れ方が一定していない。

　(49)～(51)は、ある対象に対する属性や感覚を表す表現であり、その属性や感覚はある条件の下で現れるものではないので、普通「スル」は用いられない。しかし、次の(54)～(56)では「スル」を用いることも可能である。

(54) この石は暗闇の中で光が与えられると<u>紫色をする</u>。

(55) 彼は彼女に会うといつも嬉しい<u>顔をする</u>。

(56) 何か言われると渋い<u>顔をする</u>。

(54)は、光が与えられる条件の下で紫色になるということを表す表現であり、(55)は、彼女に会うという条件の下で嬉しい顔をするということを表す表現である。(56)も、いつも渋い顔をするのではなく、何か言われるときにそういう顔をするという意味である。(54)～(56)は、対象の属性が常に継続している状態ではなく、ある限られた条件の下で成立する動きの表現である。こういう表現には動きの成立を表す「スル」も用いることができる。しかし、(49)～(51)のように、いかなる条件も要求しない属性の表現では、動きの成立を表す「スル」を用いることができない。(54)～(56)は、ある事実を表すもので、発話時における具体的な状態を表すものではないので、本節では、(49)～(51)との違いを指摘することにとどめておく。

(49)～(51)は「シテイル」しか用いられないのに対して、(52)と(53)は「シテイル」と「スル」がともに用いられており、同じ状態の表現でありながら、表現形式に違いを見せている。これらは補助的な形式動詞が用いられているものであるので、表現形式の使い分けを動詞だけでは決めることはできないであろう。(49)～(51)に「スル」は用いられず、「シテイル」だけが用いられるということについては、どう考えるべきであろうか。両表現の関係からその表現形式について

考察していきたい。

3.4.1.「時の表現」形式と格

　(49)～(51)と(52)(53)を形態的な面から比較してみると、この両表現の間には格の違いが存在していることを指摘できる。(49)～(51)は「ヲ」格を取っており、(52)(53)は「ガ」格を取っている。「ガ」格の状態には「スル」と「シテイル」が用いられるが、「ヲ」格の状態には「シテイル」だけが用いられる。状態の表現に用いられる形式は格とどう関係しているかを見ることにする。

　(57)　a．この香水は薄い香り<u>がしている</u>。
　　→　b．この香水は薄い香り<u>がする</u>。
　(58)　a．雨が降りそうな気<u>がしている</u>。
　　→　b．雨が降りそうな気<u>がする</u>。
　(59)　a．彼女ならそれ<u>がわかっている</u>。
　　→　b．彼女ならそれ<u>がわかる</u>。
　(60)　a．彼女ならそれ<u>を知っている</u>。
　　≠　*b．彼女ならそれを知る。
　(61)　a．彼は本<u>を読んでいる</u>。
　　≠　*b．彼は本を読む。
　(62)　a．彼女はきれいな着物<u>を着ている</u>。
　　≠　b．彼女はきれいな着物<u>を着る</u>。
　(63)　a．部屋の電気<u>を消している</u>。

≠　b. 部屋の電気を消す。

(64)　a. 彼はいい格好をしている。

≠　b. 彼はいい格好をする。

(57)～(59)にみられるように、「ガ」格を取っている場合は「シテイル」のみならず「スル」でも状態の表現ができる。これに対して、(60)～(64)にみられるように、「ヲ」格を取っている場合は「シテイル」しか状態の表現ができない。発話時の具体的な状態を表す表現、あるいは、そのように認識される表現が「ヲ」格を取っていれば、その表現には通常「シテイル」が用いられる。従って、動詞が「ヲ」格を取りながら、状態を表すためには、「シテイル」の表現が期待される。

　(49)～(53)は動的な状態を表すものではない。従って、これらは「ガ」格を用いるのが自然に思われるが、(49)～(51)には「ヲ」格を用いている。(49)～(51)が「ガ」格を取っていれば、(52)(53)と同じように、その表現に「スル」と「シテイル」の両方が用いられる可能性あるであろう。

　(57)と(58)に「がスル」と「がシテイル」の両形式が用いられるのは、後述するが、「見える→見えている」「聞こえる→聞こえている」などのように、状態の表現に「スル」と「シテイル」がともに用いられる動詞の表現と同じように捉えられると思われる。

3.4.2. 状態表現の意味と格

(49)～(51)に「をシテイル」というふうに「シテイル」が用いられるの

は「ガ」格でなく「ヲ」格を取っているからであると述べた。それで
は、これらの表現が「ヲ」格を取る理由はあるのであろうか。これを
明らかにするために、状態表現における意味と格の関係について
考察する必要があろう。

　形式動詞「する」の現在の表現における「ヲ」格と「ガ」格の使い分
けを意味的な面から考えてみよう。

(65)　a.　学生が被る帽子は黄色い<u>色をしている</u>。

　→ *b.　学生が被る帽子は黄色い色をする。

(66)　a.　この建物は船の<u>形をしている</u>。

　→ *b.　この建物は船の形をする。

(67)　a.　犯人はまるい<u>顔をしている</u>。

　→ *b.　犯人はまるい顔をする。

(68)　a.　この楽器は変な<u>音がする</u>。

　→　b.　この楽器は変な<u>音がしている</u>。

(69)　a.　このお茶はいい<u>匂いがする</u>。

　→　b.　このお茶はいい<u>匂いがしている</u>。

(70)　a.　この食べ物は妙な<u>味がする</u>。

　→　b.　この食べ物は妙な<u>味がしている</u>。

(71)　a.　今日はなんとなくいい<u>予感がする</u>。

　→　b.　今日はなんとなくいい<u>予感がしている</u>。

(65)～(71)に用いられる「スル」と「シテイル」は補助的な形式で、そ

れ自体には、実質的な意味がない。これらの動詞は前の名詞と
いっしょになってその意味が捉えられる。(65)〜(67)は、「帽子が黄
色い、建物が船の形だ、犯人の顔がまるい」というある客観的な事
実を表しており、話し手がこれらの事実に関係しない。(68)〜(71)
は、「音がする。匂いがする。味がする。予感がする」ということ
が、話し手においてそうであることを表しており、話し手がこれらの
事実に関係している。(65)〜(67)のような「をシテイル」の表現は、
対象の状態がそうであるということを述べる文で、話し手が叙述内
容に対して必ずしも関わりを持たない。これに対して、(68)〜(71)の
ような「がスル(シテイル)」の表現は、対象に対する話し手の状態が
そうであるということを述べる文で、話し手が叙述内容に対して必
ず関わりを持つ。つまり、「をシテイル」の文に用いられる動詞句の
名詞(色、形)は目に見えるもので、その表現も誰にでもできる客体
的なものである。これに対して、「〜がスル(シテイル)」の文に用い
られる動詞句の名詞(音、匂い、味、予感)は目に見えないもの
で、その表現も基本的には話し手にしかできない主体的なものであ
る。もちろん、対象が持っている属性は客観的なものであっても構
わない。これらは動詞句の名詞を中心とした解釈である。この名詞
を修飾する成分が変わると、文の意味が十分変わり得るのである。

　次の(72)と(73)のような例からも、「をシテイル」の文は、その状態
が話し手と関係なく成立するものであり、「がスル(シテイル)」の文
は、その状態が話し手に現れるものであることが指摘できる。

242

(72) a. 学生が被る帽子は<u>黄色い色をしている</u>。 （＝(65)）

→ *a'. 私に学生が被る帽子は黄色い色をしている。

b. 彼の時計は<u>四角い形をしている</u>。

→ *b'. 私に彼の時計は四角い形をしている。

(73) a. 今日はなんとなく<u>いい予感がする</u>(=している)。 （＝(71)）

→ a'. 私には今日はなんとなくいい予感がする(=している)。

b. 今日の試合は巨人が<u>勝ちそうな気がする</u>(=している)。

→ b'. 私には今日の試合は巨人が勝ちそうな気がする

(=している)。

(72)のように「をシテイル」の文は状態(黄色い色をしている、四角い形をしている)の持ち主が主格(帽子、時計)である。「をシテイル」の文における話し手は対象である状態をただ述べているだけである。(72)において、話し手は「帽子が黄色い色をしている」「時計が四角い形をしている」という状態の成立に関係しない。これに対して、(73)のように「がスル」の文は状態(予感がする、気がする)の持ち主が話し手(私)である。「がシテイル」文における話し手は話し手の中にあるものを対象としてそれを述べるのである。(73)で、「いい予感がする」ことや「勝ちそうな気がする」という状態は話し手にとってのことであり、話し手なくして状態の成立を考えることはできない。

「音がする」「匂いがする」「味がする」などは、比喩の意味に使われるなど、発話時における具体的な状態ではなく、単なる事実を

243

表すようになると、(74)～(76)のように、話し手と関係なく成立するものとして捉えられることもある。

    (74) 爆竹は雷のような音がする。

    (75) 西洋人は西洋人固有の匂いがする。

    (76) メロンはまくわうりの味がする。

    それでは、次の(77)～(79)のような例文から、格の違いがもたらす状態の意味をもう少し考えてみよう。

    (77) a. 彼は顔が<u>赤くなって</u>いる。

          b. 彼は顔を<u>赤くして</u>いる。

    (78) a. 彼女は服装が<u>新しくなって</u>いる。

          b. 彼女は服装を<u>新しくして</u>いる。

    (79) a. 彼女は髪型が<u>変わって</u>いる。

          b. 彼女は髪型を<u>変えて</u>いる。

(77)～(79)のa.とb.は、結果的にほぼ同じ状態を表す表現であると考えられる。しかし、二つの表現の間にはニュアンスの違いが感じられる。(77)～(79)のa.のように、「ガ」格を取っている表現は、話し手が、状態を動作主の行為より話し手の感じとして述べているものであると考えられるが、(77)～(79)のb.のように、「ヲ」格を取っている表現は、話し手が、状態を動作主の行為として捉え、動作主がそ

うしたかのような感じとして述べているものであると考えられる。つま
り、「ガ」格の場合は、状態が話し手側の判断として表現されるの
で、話し手が状態の現れに関与し、自分の感覚として捉える表現
になるが、「ヲ」格の場合は、状態が動作主の行為として直接的に
表現されるので、話し手が状態の現れに対して関与していない客
観的な認識として捉える表現になる。これを(79)のa.とb.から見てみ
よう。(79)のa.は、彼女の変化している髪型が、動作主の行動の結
果として表現されたのではなく、話し手の判断として表現されたも
のであるが、(79)のb.は、彼女の変化している髪型が、動作主の
直接的な行動の結果として表現されたものであると言えよう。

(80)　a.　あの人は<u>変だ</u>。
→　b.　あの人は<u>変わっている</u>。
≠　c.　あの人は<u>変えている</u>。

(80)のa.の「変だ」は、対象(あの人)に対する話し手側の判断を表
すものである。対象自身は自分が変であると思わないかも知れな
い。(80)のa.~c.にみられるように、「変だ」は「変わっている」という
意味には通じるのに対して、「変えている」という意味には通じな
い。これは、「変えている」が動作主の行為をただ単に述べる表現
であるのに、「変わっている」が対象に対する話し手側の判断を述
べる表現であることを裏付けるものであると思われる。(81)と(82)のよ
うに、人を話し手側の判断として述べる表現に同じ傾向が窺える。

(81) a. あいつは頭がかなり<u>行かれて</u>いる。

　≠　b. あいつは頭をかなり<u>行かせて</u>いる。

(82) a. 彼は精神状態が少し<u>狂って</u>いる。

　≠　b. 彼は精神状態を少し<u>狂わして</u>いる。

　(65)～(67)が「ヲ」格を取るのは、(77)～(79)のb.のように、状態が話し手に関係なく動作主の行動として表現されるからである。(68)～(71)が「ガ」格を取るのは、(77)～(79)のa.のように、状態が話し手の判断として表現されるからである。「感じがする」「気がする」「予感がする」というような表現が、話し手に関係なく用いられることはない。

3.4.3. 形式動詞「する」の「シテイル」と「ダ」

　形式動詞の文は、(83)と(84)に見られるように、その意味を損なわないまま、他の構造に変えることができる。

(83) (ア) a. (これは)地味な色<u>をして</u>いる。

　　→　b. (これは)地味な色<u>だ</u>。

　　→　c. (これは)色が地味<u>だ</u>。

　　(イ) a. (この時計は)変な形<u>をして</u>いる。

　　→　b. (この時計は)変な形<u>だ</u>。

　　→　c. (この時計は)形が変<u>だ</u>。

　　(ウ) a. (彼女は)美しい顔<u>をして</u>いる。

　　→　b.　(彼女は)美しい顔<u>だ</u>。

　　→　c.　(彼女は)顔が<u>美しい</u>。

(84)　(ア)　a.　(この楽器は)変な音<u>がしている</u>(→<u>する</u>)。

　　→　b.　(この楽器は)変な音<u>だ</u>。

　　→　c.　(この楽器は)音が変<u>だ</u>。

　(イ)　a.　(この部屋は)いい匂い<u>がしている</u>(→<u>する</u>)。

　　→　b.　(この部屋は)いい匂い<u>だ</u>。

　　→　c.　(この部屋は)匂いが<u>いい</u>。

　(ウ)　a.　(この食べ物は)妙な味<u>がしている</u>(→<u>する</u>)。

　　→　b.　(この食べ物は)妙な味<u>だ</u>。

　　→　c.　(この食べ物は)味が妙<u>だ</u>。

　(エ)　a.　(今日は)なんとなくいい予感<u>がしている</u>(→<u>する</u>)。

　　→　b.　(今日は)なんとなくいい予感<u>だ</u>。

　　→　c.　(今日は)なんとなく予感が<u>いい</u>。

(83)と(84)に用いられる「をシテイル」と「がシテイル」は、「ある物事が
そうである」という状態を表しており、意味的に断定助動詞「ダ」と同
じように捉えられる。実際、(83)と(84)のb.のように、これらの表現は
「ダ」の文に置き換えられる。つまり、形式動詞は前の名詞と一つ
になって、その名詞を断定するような働きをする。形式動詞句の中
の名詞は、主格(対象)が持つある内容であり、この内容は名詞を
修飾する成分によって表現される。(83)と(84)のa.がc.のように置き
換えられるのはこのためである。

　但し、「音がする」「匂いがする」などは、それ自体が内容を持つ述語にもなり、形式動詞句の名詞を修飾する成分がない表現もある。

(85)　a.　私のコンピューターは雑音が<u>している</u>(→<u>する</u>)。
　≠　*b.　私のコンピューターは雑音だ。
　→　c.　私のコンピューターは雑音が<u>ある</u>。

(86)　a.　彼の車も音が<u>している</u>(→<u>する</u>)。
　≠　*b.　彼の車も音だ。
　→　c.　彼の車も音が<u>ある</u>。

(87)　a.　彼女の部屋は香りが<u>している</u>(→<u>する</u>)。
　≠　*b.　彼女の部屋は香りだ。
　→　c.　彼女の部屋は香りが<u>ある</u>。

(88)　a.　この辺の水は臭いが<u>している</u>(→<u>する</u>)。
　≠　*b.　この辺の水は臭いだ。
　→　c.　この辺の水は臭いが<u>ある</u>。

(85)～(88)にみられるように、形式動詞句の名詞を修飾する成分がない場合、「がシテイル」は「ダ」に置き換えられない。例えば、「これは変な臭いだ」の場合には「変な」という修飾語によって「これ」と「匂い」の関係が示されるが、(85)～(88)のように、「コンピューターと雑音」「車と音」「部屋と香り」「水と、い」を「ダ」によって直接に結び付けると、その二つの間における意味的な関係は示されなくなる。これらの「がシテイル」が「ダ」に置き換えられないのはこのためであ

248

る。(85)～(88)は、「音」や「匂い」の属性ではなく、ただその「音」や
「匂い」があるかないかだけを問題にする表現である。

　次の(89)と(90)のような表現は、形式動詞の「がシテイル」が「ダ」
に置き換えられない。

　　(89)　a．この辺でいつも鳥の鳴き声がしている。

　　≠　*b．この辺でいつも鳥の鳴き声だ。

　　(90)　a．彼の部屋にコーヒーの匂いがしている。

　　≠　*b．彼の部屋にコーヒーの匂いだ。

(89)と(90)は、形式動詞句の対象である主格が場所格に変わり、
述部が場所の限定を受けている。「シテイル」も「ダ」も同じ状態の
表現に用いられるものである。しかし、場所格と共起する「ダ」の文
は非文になっている。

　それでは、次の(91)～(93)から、「がシテイル」の文と「ダ」の文に
おける「ニ」と「デ」の場所格について見てみよう。

　　(91)　a．彼は食堂でラーメンを食べている。

　　　　b．彼女は専門学校で洋裁を習っている。

　　(92)　a．彼は筑波に7年前から住んでいる。

　　　　b．彼女の故郷には一年中花が咲いている。

　　(93)　*a．彼の専門は学校で日本語だ

　　　　*b．図書館のそばに研究室だ

(91)と(92)のように、「シテイル」の状態の表現は「場所」格を許容している。しかし、(93)のように、「ダ」の状態の表現は「ニ」と「デ」のような「場所」格を直接的な補充成分として許容していない。この点が、(89)と(90)における「がシテイル」と「ダ」の置き換えが許容されない理由のように思われる。

さらに、次の(94)のようなものも「がシテイル」が「ダ」に置き換えられない。

(94)　a．彼は今回の試合で勝ちそうな気<u>がしている</u>。

　≠　*b．彼は今回の試合で勝ちそうな気<u>だ</u>。

(95)　a．彼は死ぬ気<u>だ</u>。

　　　b．馬さんは国へ帰る気<u>だ</u>。

(96)　a．彼は今回の試合で勝ちそうな予感<u>がしている</u>。

　→　b．彼は今回の試合で勝ちそうな予感<u>だ</u>。

(94)と(96)の「気がする」と「予感がする」は、ともに話し手の感覚活動を表すものである。

(96)のように、「予感がしている」と「予感だ」の表現は、両方ともに話し手の感覚を表している。これに対して、(94)にみられるように、「気がしている」を「気だ」に変えると、その文は話し手の感覚を表さなくなる。「気だ」の表現は、(95)のように、動作主の意志を直接に表すことができる。(94)のa.をb.に変えられないのは、a.の「シテイル」の文が話し手の感覚を表すのに、b.の「ダ」の文が動作主の意

志を表すからである。(94)のb.が非文になるのは、動作主の意志を表すべき「気だ」が話し手の気持ちを表す「勝ちそうな」の修飾を受けているからである。

3.4.4.「シテイル」の活用

前述したように、形式動詞「シテイル」は「ダ」に置き換えられる。この事実から「ダ」が用いられる場面に「シテイル」が用いられるものもある。次の(97)がその例である。

(97)　a.　あの人はいい<u>男</u>しているね。

　　　b.　君、<u>元気し</u>ているね。

　　　c.　いい<u>子</u>しているね。

(98)　a.　あの人はいい<u>男</u>だね。

　　　b.　君、<u>元気</u>だね。

　　　c.　いい<u>子</u>だね。

これらの表現に、「ダ」が用いられる場合と「シテイル」が用いられる場合、その意味が同じであるとは限らない。(83)と(84)の「シテイル」と「ダ」はほぼ同じ意味として捉えられる。しかし、(97)と(98)が同じ意味であるとは必ずしも言えない。

(97)は、発話時の状態が、変化の結果から捉えられる表現であると考えることもできる。つまり、(97)は、発話時以前にはそういう状態でなかったという意味を含んでいる。(97)のa.は「いい男ではな

かった人が、発話時にはいい男として」、(97)のb.は「病気で元気
でなかったものが、発話時には元気な人として」、(97)のc.は「普段
は手こずらせる子なのに、今日はおとなしくしていていい子として」
捉えることができる。(98)のように「ダ」を用いる場合も、
(97)の「シテイル」と同じように、発話時の事実として述べられてい
る。しかし、これらの表現は対象の属性を表すものであるので、発
話時以前にもその状態が有効であるということから捉えられる表現
であり、発話時以前に違う状態が存在したことを表してはいない。
基本的に、「ダ」と、これに置き換えられる「シテイル」が表す意味は
同じであるが、「ダ」と「シテイル」が持っている固有の意味によっ
て、ニュアンスの違いが現れる場合もある。つまり、これは「シテイ
ル」が持っている意味特徴が、他の状態の表現に活用されるから
であると考えられる。

4.「スル」・「シテイル」の現在

4.1. 問題設定

「ある・いる・できる」などの動詞は「スル」で現在の表現をする。こ
れらの動詞以外の状態動詞の中には、現在の表現に「スル」だけ
でなく、それほど意味的な違いを見せないまま、「シテイル」を用い
る動詞がある。こういう動詞には次の【表8.1】のようなものがある。

252

【表8.1】

(a)	[見える、聞こえる、匂いがする、音がする]
(b)	[思う、考える、存ずる、感じる、信じる]
(c)	[存在する、現存する、実在する、残存する]
(d)	[違う、異なる、当たる]

　本節では、これらの動詞の現在の表現に用いられる「スル」と「シテイル」がどういう意味を表しているのか、ということについて考察する。

　(a)(b)の動詞は、その使い方が(c)(d)の動詞のように単純ではない。(b)は、構文的に「ヲ」格を取る他動詞で、状態表現に用いられる(a)(c)(b)のような自動詞と異なるが、現在を表す表現形式などその使い方が、ここで取り上げる動詞と類似しているので、この節で取り扱う。

　寺村秀夫(1984：pp.99-100)は(a)(b)について次のように述べている。

　　　動的述語に属する動詞でも、その基本形が現在の事態を
　　　表わす場合がある。それは、ひとつは五官(六官)によって捉
　　　えられた外界の現象を即時的に言い表わす場合であり、もう
　　　ひとつは、「思ウ」に代表される主観的な思考の動詞の場合で
　　　ある。

(a)は知覚活動を表す動詞であり、(b)は思考活動を表す動詞であ

る。二つとも主観を表すものであるので、これらは一人称に用いられることが多い。知覚活動と思考活動の表現は、活動という言葉の意味から動的なもののように考えられるが、これらは「嬉しい・悲しい・痛い」などの形容詞が表す意味と同じように、状態的なものとして捉えられ、他の動的な表現と「時の表現」の現れ方が異なっている。

以下、順に考察していきたい。

4.2.「見える・聞こえる・匂いがする・音がする」

「見える・聞こえる・匂いがする・音がする」のような動詞は、状態を表す表現に用いられるものであるが、これらの表現は、次の(99)～(104)に見られるように、現在の状態を表すのに「スル」と「シテイル」をともに用いることができる。

(99) 私の部屋から筑波山が<u>見える</u>。

→ 私の部屋から筑波山が<u>見えている</u>。

(100) 隣の部屋からきれいな歌声が<u>聞こえる</u>。

→ 隣の部屋からきれいな歌声が<u>聞こえている</u>。

(101) これは変な<u>音がする</u>。

→ これは変な<u>音がしている</u>。

(102) この花はいい<u>匂いがする</u>。

→ この花はいい<u>匂いがしている</u>。

(103)　この食べ物は妙な味がする。

　→　この食べ物は妙な味がしている。

(104)　なんとなく悪い予感がする。

　→　なんとなく悪い予感がしている。

これらは話し手の感覚を表す表現である。(101)～(104)については前節で触れたので、ここでは(99)と(100)を中心に考察する。

　これらの動詞に関連して、寺村秀夫(1984：pp.100-1)は、「基本形が現在の事象を表す場合」のところで、次のように述べている。

　感覚で捉えられた現象の表現は、典型的には次のように「～ガスル」という形になる。

　　(105)　a. 風ノ音ガスル

　　　　　b. 誰カノ話シ声ガスル

　　　　　c. 沈丁花ノ匂イガスル

　　　　　d. 栗ノヨウナ味ガスル

　　　　　e. 背中ガムズムズスル

　　　　　f. 妙ナ予感ガスル

　　　　　g. ドウモ彼ハ嘘ヲ言ッテイルヨウナ気ガスル

　以上は、聴覚、嗅覚、味覚、触覚、それにいわゆる第六官で捉えた現象の表現であるが、五感のうち、視覚的印象の場合は、どういうわけか、

　　(106)　a. イイ色ヲシテイル　　　　　　　　　　(＊スル)

    b. 変ッタ形ヲシテイル　　　　　　　　　　　　（＊スル）

のように「シテイル」というかたちになる。しかし、「見ル」の自発
態は、

    (107)　南十字星ガ見エル

のように、やはり基本形で、視覚にある対象が入っていること
を表す。「聞ク」の自発態も同様である。

    (108)　誰カノ話シ声ガスル　　　　　　　　　　（＝(105)b）

このように感覚的に捉えられた現象は、いずれも客観的には
ある時間持続した現象であるにはちがいない。その意味では
「状態」といってもよいかもしれない

               ……中　略……

  「アル、イル」などが状態動詞と呼ばれるのは、それらが「～
テイル」という形にならず、そのままである「状態」を表すからだ
が、上の(105)(107)(108)の動詞はいずれも「～テイル」という形
になるから、それらの基本形は、同じ意味では「状態」を表す
とはいえないことになる。

  一方、これらの動詞が、ふつう「継続」を表すといわれる～テ
イルという形をとれるということは、その基本形が現象の「継続」
を表すといえない、ということである。

    (109)　a. 風ノ音ガスル　　　　　　　　　　　（＝(105)a）

        b. 風ノ音ガシテイル

    (110)　a. 南十字星ガ見エル　　　　　　　　　（＝(107)a）

        b. 南十字星ガ見エテイル

　上のa.とb.とを比べると、b.は、少し前に感覚で捉えられた現象が発話時点でまだ続いている、という意味であるのに対し、a.の方は、ある現象を感覚で捉えた、その瞬間の印象を報じているというちがいがある。b.のような事象の捉えかた－ある過去に始まり、それが今も存在し、そして(含みとして)いつかは消滅する、という捉えかたこそ、「継続」という特徴づけにふさわしいだろう。そうだとすると、(105)(107)(108)のような表現は、客観的にはある時間継続する現象であるが、言語表現としては、「感覚で捉えた瞬間の印象」を表すというべきであろう。

　　　　　……中　略……

　この種の動詞によるこの種の表現は、以上見てきたところから、点的な事象の捉えかた、すなわちテンス的であり、アスペクト的要素はない、と考える。

寺村秀夫(1984)は、(99)～(104)の動詞は、状態の表現に用いられるものであるにもかかわらず、「シテイル」という形にもなるため、基本形が状態を表すとも、継続を表すとも言えないというふうに捉えている。これらの動詞が「シテイル」という形になるからといって、基本形が状態を表すと言えないということはない。また、継続を表す「シテイル」が取れるからといって、基本形は継続を表すと言えないということもない。寺村秀夫(1984)の捉え方に従うと、「存在する」のような動詞の場合はどう解釈できるであろうか。「存在している」とい

う形になるから「存在する」は状態を表すとは言えないということにな
り、また、「存在している」が継続を表すから「存在する」は継続を表
すと言えないということになるのではないか。「スル」と「シテイル」の
対立があるからといって、その間に必ず「時の表現」と関わる意味
の違いが存在しなければならないということはないであろう。「シテ
イル」という形にならず、「スル」という形で状態を表すものだけを状
態動詞とするならば、「ある・いる」などのようなごくわずかな状態動
詞を、動き動詞と対立するものとして捉えることにはあまり意味がな
いであろう。また、このように捉えるならば、状態の表現にしか用い
られない動詞の中で、「シテイル」という形になる「存在する」のよう
な動詞は、その処理がむずかしくなる。

　さらに、寺村秀夫(1984)は、「シテイル」と「スル」における状態の
意味を区別し、「シテイル」は持続的な意味を表し、「スル」は瞬間
の印象を表すというように捉えているが、(99)〜(104)を、テンス的で
アスペクト的要素はないというように解釈するのはこのためである。
本来、現在の状態の表現は発話時という継続する瞬間に捉えられ
る状態を表すものであるので、これは形式に関係なく、常に瞬間
的な印象と継続的な意味を内在している。寺村秀夫(1984)の指摘
からすると、「シテイル」では瞬間の印象が表せないというふうにも
捉えられかねないが、状態表現のほとんどは「シテイル」であり、こ
の「シテイル」で瞬間の印象を表すことはいくらでもできる。従っ
て、瞬間の印象を表すから「スル」を用いるという捉え方は適切で
はない。

　次の(111)～(113)のような例から、「シテイル」の文が瞬間の印象を表していることは明らかにできよう。

(111)　あ、あいつまた本を<u>読んでいる</u>。
　　　　(偶然友達を図書館で見つけ出して)
(112)　あ、あなたまたそれ<u>考えている</u>。
　　　　(相手の言うことを聞いてふと思い出して)
(113)　あ、彼が突然<u>苦しんでいます</u>。
　　　　どうしたんでしょうか。

(111)の「読んでいる」は、友達を見つけ出したその瞬間の状態を表したものであり、(112)の「考えている」は、相手の言うことから思い出したその瞬間の状態を表したものである。(113)の「苦しんでいます」も、その場の瞬間的な場面を捉えた表現である。(111)～(113)は、話し手が瞬間の印象を現在として表した表現であると言える。
　現在の表現は瞬間の継続を捉えたものである。動詞の現在の表現は、そのほとんどが「シテイル」で表現される。具体的な現在の状態を「スル」で表すことはほとんどない。それなのに「シテイル」で現在の瞬間の印象が表現できないとすれば、瞬間的な印象を表す現在の表現はほとんどないことになる。
　高橋太郎(1985：pp.60-1, 163)は、次のように述べている。

　　これらの完成相形式によってあらわされている状態は、発

話時よりまえから存在しており、また、そのあとにも存在しつづ
ける。つまり、発話時という基準時間が持続過程のなかにあ
る。その点において、これらは、継続相アスペクトと共通であ
る。非過去形によって現在のことをあらわすことができるのは
そのためである。

　けれども、継続相アスペクトは、動詞のあらわす動作過程か
ら一定の局面をとりだして、その局面のなかにあるすがたで動
作をさしだすのである。だとすればこの「みえる」や「きこえる」
のように、動作から局面をぬきだしたのではなく、はじめから
状態である持続過程のなかにあるすがたをさしだしているもの
は、継続相の基本的なアスペクト的意味とおなじ意味をあらわ
しているとはいえない。(pp.60-1)

……中　略……

　「みえる」「きこえる」「においがする」などは、話し手の知覚活
動と、その知覚の対象である外界の現象が未分化なかたちで
あらわされている。これらは、活動とその対象が未分化な点で
前項(感覚活動の動詞)とにているが対象が外界の現象である
ので、その客観性によって状態をあらわすことになる。そこ
で、アスペクトから完全に解放されず、状態過程のなかにある
すがたをあらわすことになる。(p.163)

これらの動詞の「スル」は、完成相でありながら現在の状態を表し、
その意味が継続相の意味を持つと言われる「シテイル」と共通して

いる。しかし、これらの状態ははじめからの状態であり、動作の過程から抜き出した局面ではないので、一般的な「シテイル」が表す意味と同じであるとは言えない。また、知覚活動とその対象は未分化な状態であるが、対象は外界の現象であるので、客観性のある表現ができ、持続過程の中にあることが表現できるというのが、高橋太郎(1985)の指摘である。つまり、これらの表現は、話し手の状態の表現でありながら、同時にその状態が持続過程の中にあるものとして捉えられるため、その表現に「スル」と「シテイル」が用いられるという捉え方である。高橋太郎(1985)の指摘のように、知覚活動は話し手の内部にあるものであるが、その対象になるものは外界に存在するものである。対象に対する話し手の状態を表す表現であるから、「スル」で現在を表すのは簡単に理解できる。しかし、「スル」でも充分であると考えられるこういう表現に、「シテイル」が積極的に用いられるのはどういう理由からであろうか。

　知覚活動(状態)の対象になるものは、話し手の外に存在する客体的なものであり、話し手と関係なく現れる。この対象に変化があるものであれば、話し手の知覚活動は、その変化によって現れる対象に対する状態になる。

(114)　依然として症状が<u>見えている</u>。しばらく治療を続けないとね。

(115)　あのうるさい音は先からずっと<u>聞こえている</u>。

(116)　彼女の歌声は夜12時を過ぎているのに、まだ<u>聞こえて</u>

<u>いる</u>。

(114)～(116)は「見えるものや聞こえるものが、依然として続くとか、あるいはすぐ消えるとか」ということを表す表現である。話し手の知覚活動の表現は、対象の動きに重点が置かれて行われる場合も考えられる。このように考えると、(114)～(116)は発話時の前に成立した動きの結果が現在まで持続していることを捉えた状態の表現であるから、「シテイル」が用いられるのも自然であろう。

「見える・見えない」あるいは「聞こえる・聞こえない」というように、対象に対する話し手の状態だけを表すとしたら、その対象の持続は問題にならないので「シテイル」を積極的に用いる必要はない。この点は、(101)～(104)のような形式動詞の表現においても同じである。しかし、話し手の状態の表現ではあるが、対象の動きに焦点が置かれるようになると、「シテイル」の継続性のために「シテイル」の文がより積極的に用いられるという解釈もできよう。

(117) a. あら、ここから富士山が<u>見える</u>。
  → b. あら、ここから富士山が<u>見えている</u>。
(118) a. 山頂に登ると、市内がよく<u>見える</u>。
  ≠ *b. 山頂に登ると、市内がよく<u>見えている</u>。
(119) a. 今も、山頂に登ると、市内がよく<u>見える</u>。
  → b. 今も、山頂に登ると、市内がよく<u>見えている</u>。
(120) a. 彼の声はここでも<u>聞こえる</u>。

　　→　　b. 彼の声はここでも<u>聞こえている</u>。

(121)　a. 夜中には小さい音も大きく<u>聞こえる</u>。

　　≠　*b. 夜中には小さい音も大きく聞こえている。

(122)　a. 今も、夜中には小さい音が大きく<u>聞こえる</u>。

　　→　　b. 今も、夜中には小さい音が大きく<u>聞こえている</u>。

「見える・聞こえる・匂いがする・音がする」などの表現には、「スル」と
「シテイル」がともに用いられると述べた。しかし、「見える・聞こえる」
の文は、全ての場合に「スル」と「シテイル」が置き換えられるわけで
はない。(117)と(120)のように、「スル」と「シテイル」が置き換えられ
る場合もあるが、(118)と(121)のように、「スル」と「シテイル」が置き換
えられない場合もある。ある事実を表すものでありながら、それが
発話時にも具体的な状態として現れていると捉えられる場合、その
表現には「スル」と「シテイル」の両形式をともに用いることができる。
(118)と(121)は、一般的な事実の表現であるので、「スル」が用いら
れるのである。しかし、これらは、ある限られた条件((118)の「山頂
に登ると」、(121)の「夜中には」)の下で成立するもので、単純に発
話時に展開されている事実、即ち、一回的な事実の表現ではな
い。事実を表してはいるが、その事実が発話時に展開される一回
的もしくは具体的なのものとして捉えられない限り、その表現に「シ
テイル」は用いることができない。(118)と(121)のように、ある条件の
下でしか成立しない事実の表現でも、(119)と(122)のように「今も」と
いう時の副詞句によって、その事実の時間的な性質が現在にも有

効なものに変わると、その表現には「シテイル」を用いることも可能
になる。

　これは、(123)～(125)に見られるように、「音がする・味がする・匂
いがする」などの動詞においても同じことが言える。

　　　　(123) a. この楽器は冷たくなると変な音がする。
　　　　 ≠ 　*b. この楽器は冷たくなると変な音がしている。
　　　　(124) a. この料理は暖かいうちに食べないと変な味がする。
　　　　 ≠ 　*b. この料理は暖かいうちに食べないと変な味がしてい
　　　　　　　　 る。
　　　　(125) a. 春の山は、新鮮な香りがする。
　　　　 ≠ 　*b. 春の山は、新鮮な香りがしている。
　　　　(126) 春の山は、依然として新鮮な香りがしているね。

(125)も、その表現が発話時の状態を表すものに変わると、(126)の
ように、「スル」でも「シテイル」でも表現可能になる。

4.3. 「思う・考える・存ずる・感じる・信じる」

　「思う・考える・存ずる・感じる・信じる」のような動詞は、思考活
動を表すもので、次の(127)～(129)のように、現在の表現に「スル」
と「シテイル」がともに用いられる。

(127) a. 私も彼はいい人だと<u>思う</u>。

→ b. 私も彼はいい人だと<u>思っている</u>。

(128) a. 私は彼らに意見の違いがあると<u>感じる</u>。

→ b. 私は彼らに意見の違いがあると<u>感じている</u>。

(129) a. ぼくは神が存在すると<u>信じる</u>。

→ b. ぼくは神が存在すると<u>信じている</u>。

(130) a. 彼女も旅行はいいと<u>思っている</u>。

≠ *b. 彼女も旅行はいいと<u>思う</u>。(話し手の意見)

(131) a. 彼も今回の選挙については同じことを<u>考えている</u>。

≠ *b. 彼も今回の選挙については同じことを<u>考える</u>。

「思う・考える・存ずる・感じる・信じる」のような動詞は、主観を表すものである。これらの動詞は一般的に、(127)～(129)のように、主観をそのまま表す主体的な表現に用いられるが、(130)と(131)のように、主観が客体化されて客体的な表現(主観が第三者にも表現できるような状態になることとその表現)に用いられることもある。

(132) 昨日は戦争について<u>考えた</u>。

(133) a. 明日は平和について<u>考える</u>。

≠ *b. 明日は平和について考えている。

(134) a. 私はいま「時の表現」について<u>考えている</u>。

≠ *b. 私はいま「時の表現」について考える。

265

「考える」という動詞は、(132)～(134)のように、いつも状態の表現になるのではなく、動きの成立の表現になる場合もある。従って、(132)と(133)のように、過去と未来という動きの成立の対立を持ち、(134)のように、現在の表現に「スル」が用いられず「シテイル」だけが用いられるのである。こういう表現は、動きの成立を表す一般的な事象に当たり、本節で考察する対象からは外れるものである。

　主観を表す表現は、話し手と動作主の関係から二つのタイプに分けて考えることができる。一つは、(127)～(129)のように、自分の主観を表す場合であり、もう一つは、(130)と(131)のように、他人の主観を表す場合である。自分の主観を表す場合と他人の主観を表す場合とは、その表現の仕方が異なっている。

　以下、これらについて考察していく。

4.3.1.　思考活動の表現

これらの動詞の「スル」と「シテイル」の使い方に関する先行研究から考えていきたい。

高橋太郎(1985：pp.65-6)は、次のように述べている。

　「わたしはそうおもう。」というとき、そうおもうのは、まさに、それをいうときのことであり、そのまえのことでもあとのことでもないので、話しの時点のことだという意味で瞬間的といえるかもしれない。けれども、その瞬間に始発から終了までふくんだまるごとの動作としてのべているわけではない。それが話しの瞬

間のことをのべているとしても、その動作がそのまえからつづいていたのかどうか。そのあとまでつづくものかどうかが考慮にはいっていない。このことは、その〈おもう〉〈かんがえる〉などの動作の過程が基準時間である話しの時点とどうかかわるかが問題になっていないということである。つまり、それは、基準時間によって動作過程が分割されるか分割されないかということと関係がない。したがって、この「おもう」は、アスペクト的な意味において、完成相でも継続相でもないのである。

……中　略……

「おもう」ということばの内容はこころのなかにあって、音声形式をもったことばからみれば、そとにあるのではないかという反論があるかもしれない。けれども、思考活動は、ことばのかたちで存在するのである。過去におもったということをはなすときはべつだが、一人称現在のばあいは、おもいながらはなすのであり、思考活動としての内言と表現活動としての外言が分化していない。まさに、そのことばが思考活動と表現活動の統一として存在するのである。話し手の現在の思考活動の表現がアスペクト性をもちえないのは、そのためである。

「思う」などにおける対象と話し手の関係は高橋太郎(1985)の指摘の通りである。だからといって、これらが「時の表現」の例外的なものになるとは思えない。単に対象と話し手の関係が他のものと違うだけである。

　(127)〜(129)は、対象に対して持っている判断を状態的なものとして表す表現である。思考活動というように、活動というからには動的なもので、その点から動きの成立が考えられるが、実際、これらの表現は、「見える・聞こえる」などの視覚・聴覚の活動と同じように、活動という形で、常に頭の中に状態的に内在しているものが発話時に表出されるもので、状態の表現であると考えなければならない。(127)〜(129)は、動きの成立というより、発話時の状態がそうであるということを表す表現として位置づける方が自然であろう。これらは、状態の表現と同じように、ある時点においての状態しか表せないものである。状態の表現であるから、前述したように、「スル」で現在を表すが、「シテイル」でも現在の表現が可能になるのである。これらに過去と現在の表現ができるにもかかわらず、未来の表現ができないのも、これらの動詞の表現が状態を表すからである。これらの動詞は、ある対象に対する話し手の心的動作を表すものであるが、話し手の未来の心的動作は推量でしか表現できないので、過去と現在のことは表現できても、未来のことは表現できないのである。

　以上は、話し手と動作主が一致する一人称の主体的な表現の場合である。話し手と動作主が一致しない客体的な表現の場合にはその使い方が変わってくる。次節では、主観の表現と人称との関係について考えていきたい。

4.3.2. 思考活動の表現と人称

一人称の思考活動は主観であるので、その表現は主体的な表現になるが、第三者(話し手以外の者)の思考活動は話し手にとって客観としてしか捉えられないものであるので、その表現は客体的な表現になる。

(135)　彼もあなたをいい人だと<u>思っている</u>。

(136)　その国では神が存在していると<u>信じている</u>。

(137)　彼女も私たちの仲がよくなったと<u>感じている</u>。

(135)～(137)のように、第三者の思考活動を、動きが成立した結果の状態から捉えなければならないのは、これらの表現が客体的な表現であるからである。話し手は、いつからであるか知らないが、動作主が何かを思い、あるいは、感じ、その状態が現在にも継続しているというふうに捉えられる場合であってこそ、はじめてそれが表現できる。つまり、話し手は第三者の思考活動が成立した後、その結果の状態を自分の情報として持つようになった時、はじめてそれを捉えることができるのである。

これらと関連して、大江三郎(1975)と、国広哲弥(1982)を見ることにする。

大江三郎(1975)は次のように述べている。

「思う」など心理動詞が不完結の状態を内在的に意味しなが

ら、しかも現在時を表すのにテイルを必要とするのは、これが
表すものが一般に現在の点的状態として直接的に捉えられな
い、話し手の視点が入り込めない不透明の純粋主観だからで
ある。逆に、現在時制でこれらの動詞とともに用いられる~テ
イルは不透明の純粋主観を透明の客観に変える働きをしてい
るといえる。従ってこの「客観化」の用法はひろがりをもった状
態アスペクトの表現というテイルの一般的用法から分離したも
のではない。これらの動詞の主語が一人称の場合には表され
るのは話し手自身の状態であるから、これは(話し手にとって)
不透明ではない。従って~テイルの使用は必要ではない。

国広哲弥(1982)は次のように述べている。

　日本語の口語では「知る・信じる」などの心理動詞はル形で
は現在の状態を指すことができないのでテイル形を用いなけ
ればならず、過去の状態の場合にもテイル形を用いなければ
ならない。つまりこれらの動詞の語彙的アスペクトは「起動的」
であることになる。ただし「信じる」は「私は潔白であると信じま
す」のように自分の心理状態を直接に告白する場合は「現在
の状態」を指しうる。これを「信じています」とすると、"直接の
告白"ではなく、自分の心理状態についての"客観的報告"と
いうことになる。他人についてはつねに客観的にしか報告で
きないから「あなた(彼)は信じます」とはいえず、「あなた(彼)は

信じています」といわなければならない。

大江三郎(1975)の純粋主観の客観化と、国広哲弥(1982)の直接の告白と客観的報告という、二つの捉え方は、一人称の場合は自分のことであるから主観を直接に表現できるが、第三者のことは客観的なものとしてでないと表現できないから、「シテイル」しか用いられないということである。

　一人称に用いられる「スル」と「シテイル」についての国広哲弥(1982)の見解には明確でない点がある。それは、話し手が自分の心理を直接の告白として表現する場合、「スル」だけが用いられるという捉え方である。

　何かを直接の告白として表す表現には「スル」でも「シテイル」でも用いることができる。これは、次の(138)～(139)から明らかにすることができる。

(138)　a．(ある知らない問題を聞かれて)私はこう<u>思う</u>。それは……

　→　b．(知らない問題を聞かれて)私はこう<u>思っている</u>。それは……

(139)　a．(友達の事故に接して)私は<u>信じる</u>。彼は死なない。

　→　b．(友達の事故に接して)私は<u>信じている</u>。彼は死なない。

(140)　a．私は昔からそう<u>思っている</u>。

b. その時から神を<u>信じている</u>。

一人称の主観を表す「時の表現」は常に直接的な表現である。主観が発話時以前に成立し、今も継続しているということが明確でない場合の一人称の表現は直接的な表現であると言える。

(138)と(139)のa.とb.に「スル」と「シテイル」を用いるからといって、この二つの表現の間に直接とか客観とかいう違いがあるとは考えられない。(138)と(139)のa.とb.は直接的な表現である。主観が以前から成立していたことが明確なものを客観的な報告の表現であると考えるならば、(140)のa.とb.を客観的な報告の表現であると捉えて差し支えないであろう。

思考活動を表す表現に人称制限が存在するのは、これらが、主体の心的な態度を表し、人称の変化によって主体的か、客体的かの表現になるからである。発話時においての主体の心的態度の描写については、中右実の指摘がある。

中右実は「認知言語学」講義ノート＃6のモダリティの主観性のところで、「思う」の思考主体が常に話し手になる理由について、それから主体と心的態度の関係について、次のように述べている。

　　発話時点と同時的に生起する心的態度のうちで、話し手の接触可能なのは、ただ、話し手自身の心的態度だけである。
　　　　　　……中　略……
　　話し手は自分自身の心的態度だけは、発話時点に先立つ

て客体化することなく表現することができる。これを裏返していえば、話し手は自分以外の人物(聞き手あるいは第三者)の心的態度は客体化することによってしか表現できない。話し手が自分以外の人物の心的態度について報告できるのは、ただ、その情報が発話時点に先立って話し手自身に接触可能なものとなっている場合に限られるのである。

中右実の指摘には、思考活動のような主観が「時の表現」でどう表現されるかということが正しく捉えられている。一人称の場合は主体的な表現であるから、現在の表現に「スル」が用いられるが、第三者の場合は客体的な表現であるから、現在の表現に「シテイル」が用いられるということである。思考活動の表現において、一人称の場合に「スル」と「シテイル」が用いられるのに対して、一人称以外の場合に「スル」は用いられず、「シテイル」だけが用いられるのは、このためである。

　思考活動の表現は、その表現形式が人称によって制限される。このように、動詞の一部は、人称によって主体的な表現になる場合も、客体的な表現になる場合もある。

　人称によって表現形式が制限されるのは、次の(141)～(144)も同じである。

(141) その案には先生も賛成している。

(142) 彼はあなたの意見に反対している。

(143) それを守ることを彼も<u>約束している</u>。

(144) 彼女があなたに<u>お願いしている</u>。

(141)〜(144)の動詞を一人称に用いる場合の「ル」形については、第5章で取り上げたが、これらも「思う」などの動詞と同じように、主観を表すものであるので、第三者のことを話し手が直接に表現することはできない。「思う」などの動詞の「ル」形が現在を表すのに対し、これらの動詞の「ル」形が未来を表すという点で、この二つは異なっているが、これらも主観を表すものであるので、第三者のことには「シテイル」しか用いないという点で、「思う」などの動詞と同じように人称的な制限があると言えよう。

4.4. 「存在する・現存する」と「違う・異なる」

4.4.1. 「存在する・現存する・実在する・残存する」

(145) a. いい国にも悪い人は<u>存在する</u>。

　→ b. いい国にも悪い人は<u>存在している</u>。

(146) a. 幸いにも、この資料は<u>現存する</u>。

　→ b. 幸いにも、この資料は<u>現存している</u>。

(147) a. この話しは<u>実在する</u>。

　→ b. この話しは<u>実在している</u>。

(148) a. 依然としてこの問題は<u>残存する</u>。

　→　　b. 依然としてこの問題は<u>残存している</u>。

(149)　a. アフリカにはまだそういう村落が<u>点在する</u>。

　→　　b. アフリカにはまだそういう村落が<u>点在している</u>。

(145)～(149)に用いられる動詞は、現在の表現に「スル」と「シテイル」が、自由に選ばれるものである。

　高橋太郎(1985：p.163)は、(145)～(149)について次のように述べている。

　　「存在する」「点在する」「現存する」など、存在を表す動詞も、完成相と継続相のアスペクト的意味の対立がほとんどなく、完成相でも持続過程をなす状態のなかにあることをあらわすので、完成相非過去形が、現在の状態を表す。

これらの動詞は、状態(事実)を表す動詞であるのに、現在の表現に「スル」と「シテイル」が同じように用いられる。ここではその理由を明らかにすべきであろう。

　「存在、点在、現存」という語は「スル」が付くことによって状態を表す動詞として用いられる。これらの語は、名詞としても状態的な意味を持っており、何れにしても、状態を表すものにしかならない。これらの動詞は、状態の表現にしかならないので、現在の表現は「スル」だけで充分であろうと思われるが、「シテイル」も用いられる。これは「存在、点在、現存」という語が状態の表現にしかなら

ないので、これを動詞化してくれる形式に影響を受けないからである。これらには、「スル」をつけても、状態を表す形式「シテイル」をつけても、状態を表すものにしかならない。

　前述したように、状態を表す動詞は現在に「スル」が用いられる。しかし、動きの成立の結果として現れる状態の現在の表現に「シテイル」が用いられ、それが動詞の状態の表現を代表できる形になることから、動きの成立から捉えられない「存在する、現存する」のような状態動詞の現在の表現にも「シテイル」が用いられるようになる。これらの表現に用いられる「スル」と「シテイル」は、こういう現象から捉えることができよう。

　「スル」と「シテイル」が同じ意味であるのに、「シテイル」を用いるのは、一般的に動詞の「シテイル」が、事象の内部の一点をさすことによって、その時点の前後にもそういう状態が続いているということを表す特徴から、「スル」より持続的な印象を強くするからであるという点もあろう。

4.4.2. 「違う・異なる・当たる・属する」

(150)　a. 語学と文学は<u>異なる</u>。

　→　b. 語学と文学は<u>異なっている</u>。

(151)　a. 彼は私と性格が<u>違う</u>。

　→　b. 彼は私と性格が<u>違っている</u>。

(152)　a. この説明は前のところと<u>矛盾する</u>。

276

→　b.　この説明は前のところと<u>矛盾している</u>。

(153)　a.　これはその事件と手口が<u>一致する</u>。

→　b.　これはその事件と手口が<u>一致している</u>。

(154)　a.　うちの研究室は図書館のとなりに<u>位置する</u>。

→　b.　うちの研究室は図書館のとなりに<u>位置している</u>。

(155)　a.　ライオンは猫科に<u>属する</u>。

→　b.　ライオンは猫科に<u>属している</u>。

(156)　a.　彼女は私の親戚に<u>当たる</u>。

→　b.　彼女は私の親戚に<u>当たっている</u>。

(150)〜(156)に用いられる動詞は、(145)〜(149)の動詞とその使い方が必ずしも同じではないが、(150)〜(156)のような表現においては、(145)〜(149)に用いられる動詞と同じであると考えられる。

　高橋太郎(1985：pp.72-3)は、(150)〜(156)のような「関係を表す動詞」について、次のように述べている。

　　これらの動詞はたいてい継続相にかえることができる。そして、かえても、意味がかわらない。これらの動詞のあらわす関係はできごと過程性をもっておらず、アスペクトから解放されているので、完成相と継続相の形式的な対立が意味的な内容をともなわないのである。つまり、えせアスペクトである。

(150)〜(156)に用いられる動詞における「スル」と「シテイル」の関係

277

は高橋太郎(1985)の指摘の通りである。状態を表す動詞であるの
に、現在の表現に「スル」と「シテイル」が用いられることは、前述し
た通りである。動きの成立の結果として現れる状態の現在の表現
に「シテイル」が用いられ、それが動詞の状態を表す形式として一
般化すると、「異なる」「違う」「当たる」などのような動きの成立から捉
えられない状態動詞の現在の表現にも「シテイル」が用いられるよう
になるという解釈である。これは、(145)～(149)とも同じようなもので
あると言えよう。

　「当たる」という動詞は、(156)のように、動きの成立が考えられな
い表現においては、上のような捉え方が可能である。次の(157)と
(158)のように、動きの成立が考えられる表現においては、動きの
成立から捉えられる状態が現在時にそうであるということを表すの
で、その表現に「シテイル」を用いなければならない。

> (157)　a. あなたの答は<u>当たっている</u>。
> 　≠　　b. あなたの答は当たる。
> (158)　a. 投げたボールは彼の体に<u>当たっている</u>。
> 　≠　　b. 投げたボールは彼の体に当たる。

動詞は文の中でその意味が決められると言った。つまり、一つの
動詞は色々な意味として捉えられるのである。「当たる」という動詞
にも、(156)のように、最初から動きの成立が考えられない表現に
用いられる意味と、(157)と(158)のように、動きの成立が考えられる

表現に用いられる意味があるので、「時の表現」と関わり、この二つ
の表現の間に違いが見られるのも不自然ではない。

5. 「シタ」・「スル」・「シテイル」の現在

5.1. 感覚活動・感情活動を表す表現

　動詞の中には、現在の状態を表すのに、「スル」「シテイル」「シタ」
の三つの形式が全部用いられるものがある。「疲れる、困る」のよう
な動詞がそれである。

(159)　a. いや、本当に<u>疲れる</u>な。

　　　　b. いや、本当に<u>疲れた</u>な。

　　　*c. いや、本当に疲れているな。

(160)　a. 彼は仕事で<u>疲れている</u>。

　　　*b. 彼は仕事で疲れる。

　　　*c. 彼は仕事で疲れた。

(161)　a. 忙しいのに仕事が重なって<u>困る</u>な。

　　　　b. 忙しいのに仕事が重なって<u>困った</u>な。

　　　*c. 忙しいのに仕事が重なって困っているな。

(162)　a. 彼は生活費で<u>困っている</u>。

　　　*b. 彼は生活費で困る。

　　　*c.　彼は生活費で困った。

(163)　a.　へたな歌を聞くのは疲れる。

　　　　b.　日本は物価が高くて困る。

　「疲れる」という動詞は、(159)のように、話し手の疲れた状態を表す場合「スル」と「シタ」が用いられる。(159)のa.は、ある仕事をしながら、疲れを感じ、その仕事が疲れるものであるというふうに捉える場合に用いられる表現である。(159)のb.は、自分の疲れている状態を直接に捉えるもので、発話時における話し手の感覚状態を表す最も一般的な表現である。「困る」という動詞は、(161)のように、発話時における話し手の感情状態を表す場合、「スル」と「シタ」がともに用いられる。しかし、発話時における第三者の感覚状態や感情状態を表す場合は、(160)と(162)のように、「シテイル」が用いられる。もちろん、「疲れる」「困る」という動詞は、(163)のように、具体的な状態を表さない場合もある。これらは、単なる事実を表し、「スル」しか用いられない。

　(159)〜(162)に見られるように、「疲れる、困る」などの動詞は、意味の差を見せるにしても、「シタ」「スル」「シテイル」という三つの形式が、現在の状態の表現に用いられる。これらは、主に状態の表現に用いられる動詞でありながらも、「シタ」が現在の表現に用いられるなど、他の動詞とはその使い方が異なっている。

　(159)と(160)は、人の感覚活動を表す表現であり、(161)と(162)は、人の感情活動を表す表現である。感覚活動を表す動詞を感

覚(活動)動詞と称し、感情活動を表す動詞を感情(活動)動詞と称
する。

　感覚活動・感情活動の動詞には次の【表8.2】のようなものがあ
る。

【表8.2】

感覚活動動詞	疲れる・くたびれる・お腹がすく・腹が減る・喉が乾く
感情活動動詞	困る・弱る・驚く・呆れる・腹立つ・いやになる・頭に来る

　感覚活動の表現と感情活動の表現には次のような共通点と相違
点が存在する。感覚活動は、判断されるその対象が、動作主自
身の中にあるのに対して、感情活動は、判断されるその対象が、
動作主自身の中にあるのではなく、外にある。つまり、感覚動詞
の「疲れる・咽が乾く」などが表すのは、動作主自身の精神や肉体
の状態に対する判断であるが、感情動詞の「困る・驚く」などが表す
のは、動作主の外にある何かの対象(状況)に接して生じる動作主
の感情の判断である。判断の対象が、動作主の中にあろうと、動
作主の外にあろうと、感覚・感情の活動は、動作主自身の中に存
在するもの(心的状態)の表出であるので、客体化されない限り、主
体的な表現にしかならない。このように、感覚・感情活動の表現
は、ともに主観を表すという点で共通しているが、判断される対象
が、動作主の中にあるか、外にあるかという点で異なっている。

　高橋太郎(1985：pp.68-9)は、感覚活動・感情活動を表すもの

と、思考活動・知覚活動を表すものにおける対象と内容である活動を比較し、次のように述べている。

　　これらは思考活動ではないので、ことばとその内容である対象とがひとつのものではない。感覚活動でとらえる対象は、その感覚活動を統括する大脳の活動のそとにある。その点で、…「みえる」や「きこえる」などの知覚活動のばあいとおなじである。けれども、それは、ことばのそとにあっても、話し手のなかにある。そのために内容が対象化しにくく、現在のばあいは、「おもう」「かんがえる」と同様に活動の側面が強調されて、アスペクトから解放されるのであろう。

　　　　　　　　……中　略……

　　感情活動、とくに感情的な態度のばあいには、その感情のむけられる対象は、話し手のそとにある。けれども、それは知覚活動のようなコピー的な反映活動ではないので、感情の対象は対象にすぎず、けっきょく、そのことばは、うちなる感情活動をあらわすことになって、思考活動と同様、内容が対象化されず、そのため、アスペクトから解放される。

感覚活動と感情活動の動詞は、その意味内容が思考活動や知覚活動の動詞と類似している。一人称の表現において、感覚活動は自分のことに対する判断であるが、感情活動は外の対象に対する判断である。これらは、内容が対象化されにくいものであるから、

アスペクトから解放されるというのが、高橋太郎(1985)の捉え方である。これらの表現においてテンス・アスペクト性が弱まる理由について、高橋太郎(1983：p.416)は、次のように述べている。

　　一人称の現在の感覚や感情をあらわすいいかたのなかに、スルとシタの両方のかたちのつかえるものがある。これは、そのような感覚、感情が生じた過程やその結果の過程をあらわすというよりも、その感覚・感情があるという状態を、うちからそとへあらわしだすという傾向がつよくなって、テンス・アスペクト性がよわまるためだろう。

表現内容が対象化されにくいものは、それが何を表すのかということが捉えられにくい。しかし、これらの表現に用いられる形式は、状態を表すものか、それとも動きの成立を表すものかであり、「時の表現」の枠組みの中で説明できない例外的なものではないと考えられる。

　以下、先行研究の検討から、感覚活動動詞・感情活動動詞と関わる諸問題を考察していく。

5.2. 先行研究の検討

　高橋太郎(1983：pp.416-9)は、これらの動詞を「一人称の感覚や感情に関わるもの」というところで、次のように述べている。

一.「成立の過程と結果持続の過程がこんぜんとしたもの」

感覚や感情が生じて、それがしだいにつよくなっていくとき、すでに一定の段階に達したという点では成立が完了したことになるが、それが増大しつづけているという点をとらえると、成立過程が進行していることになる。このようなばあい。感覚的なものは、ふつうシタの形がつかわれるが、スルの形もあらわれる。

(164)　「つかれるわ、わたし、ねむらせて。ねむらせて。」

(165)　哲朗「つかれた？」志乃「いいえ。」

(166)　ときどき生あくびをして、かすかなかすれた声で「ねむい」という。「のどがかわく」という。

(167)　ああ、おなかすいた！

(168)　まよってばかり－自分でもいやになりますわ。

　　　　……中　略……

二.「成立の時と現在のきもち」

心理的な状態が成立して、それが持続するとき、成立の完了としてとらえるとシタになり、それの持続の状態を一人称の気持ちとしてうちだすとスルになる。

(169)　「あきれたね」私はちょうどこちらをむいた友人のかおをみた。

(170)　おまえの御幣かつぎにはあきれるよ。

(171)　おどろいたな。これが当年の園田とおもうと、

(172)　「まアおどろきますわ！」これは駒子がぼう然とするの

が当然であろう。

つぎの諸例も、スル・シタの両方がつかえるだろう。これら
は、あいてに対する気持ちの表示という伝達的な要素をふく
んでいるが、きもちの成立の時と現在の状態とがからんでいる
点でここにはいるだろう。

(173)　ありがとうございます。どうもおそれいりました。

(174)　ごていねいに、おそれいります。

(175)　ぬけめのない子たちだねえ。まけたよ。あんたらには、

……中　略……

三.「きもちの成立時と実現時」

あした水道がとまるという情報をうけて、「こまったなあ」という
とき、こまるきもちが成立したのは情報をうけたときなのである
が、実際にこまるのは、あした(未来)である。また、こまるきも
ちは現在もあるので、それを「こまるなあ」といったときは、現在
のことをいっているのか、未来のことをいっているのかわから
ない。こういうとき、「こまるなあ」と「こまったなあ」がけっきょくお
なじことをあらわすことになる。ここにとりあげるものは、認識時
と実現時のズレの要素がある点で、つぎの五つともつながりが
あるといえるだろう。

(176)　ミイコ「おばさん。つれてきたわよ」

まさこ「(見もせず)あアたすかるよオ」

(177)　旦那、旦那、おかげでたすかりました。

(178)　「十四日の日一日だけ。」「こまるな。」

　　　　　　「午後からでもいいわ。半日。」

(179)　こまったな。ま、いい。

(180)　しかしよわったな。　　……

感覚・感情活動の表現に「シタ」が用いられるのは、話し手の感覚・感情の成立が過去であるからであるということであるが、「スル」が用いられる理由については、それほど明確にされていない。高橋太郎(1983)の指摘の通り、感覚・感情の成立は過去であり、また、その状態は持続している。これらが状態の成立とその持続の表現であるとすれば、それには動きの成立から捉えられる状態の表現形式「シテイル」を用いるのが、むしろ自然であろう。

　先行研究では、これらの表現に用いられる形式について様々な見解を示しているが、そこでは、単に形式の違いだけが個別的かつ感覚的に捉えられており、その捉え方が「時の表現」の枠組みの中で行われているとは言いがたい。つまり、これらを「時の表現」の例外的なものとして捉えているのが現状である。

　感覚・感情活動の表現に「スル」が用いられる理由や、さらに、これらは現在の状態を表しているのに、その表現に、動きがすでに成立したことを表す「シタ」が用いられる理由などを明らかにするため、次節では、この節の高橋太郎(1983)を感覚動詞と感情動詞に分けて再引用し、感覚・感情活動の表現に用いられる形式が、現在の状態を表すようになるその背景について考察する。

286

5.2.1. 感覚活動の表現

高橋太郎(1983)(再引用)は、感覚活動を表す動詞について次のように述べている。

(成立の過程と結果持続の過程がこんぜんとしたもの)

感覚や感情が生じて、それがしだいにつよくなっていくとき、すでに一定の段階に達したという点では成立が完了したことになるが、それが増大しつづけているという点をとらえると、成立過程が進行していることになる。このようなばあい。感覚的なものは、ふつうシタの形がつかわれるが、スルの形もあらわれる。

(164) 「つかれるわ、わたし、ねむらせて。ねむらせて。」

(165) 哲朗「つかれた?」志乃「いいえ。」

(166) ときどき生あくびをして、かすかなかすれた声で「ねむい」という。「のどがかわく」という。

(167) ああ、おなかすいた!

(168) まよってばかり-自分でもいやになりますわ。

(164)~(167)は、発話時における話し手の感覚を表す表現である。しかし、(168)は、話し手の感情を表すもので、感覚を表す表現ではない。

「ある・いる・存在する」などのように、状態の存在している時点が時間軸上に位置づけられる状態動詞の表現と違って、感覚活動

の動詞で表される状態の表現は、時間軸上に動きの成立(＝状態の発生)する過程が関連してくる。「ある・いる」の場合は、状態がいつから存在してきたか、ということは問題にされない。しかし、「疲れる」の場合は、疲れていない状態から疲れた状態への変化がその背景に存在し、また、その状態は時間の経過とともに、元の状態へ戻るということが、その意味の前提にあるのである。もし、元の状態へ戻らないとしたら、この事象に「疲れる」という言葉は適合しなくなる。感覚活動の動詞が表している状態は、必ず反対の状態への変化が起こるということを前提として、その意味が成り立っているものである。ここでいう「反対の状態への変化」というのは、人為的なものであっても構わない。例えば、疲れている状態の場合、その疲れが休むことで解消されてもよいし、お腹がすいている状態の場合、そのお腹のすいた状態がご飯を食べることで解消されてもよいのである。

　動きの成立というのは瞬間的に行われるものであるので、感覚活動の表現も、本来は変化に至る過程はないと言わなければならない。つまり、状態だけをみると、「疲れる」なら、疲れているのか疲れていないのか、また、「お腹がすく」なら、お腹がすいているのかすいていないのか、というどちらかである。

　感覚活動の表現は、ある状態に対して行われる判断であるが、その表現から状態の変化する時点(両状態の境界点)を具体的に捉えることはできない。判断者である話し手は、その境界点を状態変化(＝程度の増加)の過程の中で想定するだけである。これは、

288

こういう動詞で表される状態に、変化(無から有への変化と、状態
の程度の変化)というものが存在していることを意味する。感覚動詞
が表す変化は、一般的な変化動詞の変化と必ずしも同じではな
い。これらの動詞の変化は、他の変化動詞と同じように無から有へ
の変化もあるが、その有の状態における程度の増加もある。「疲れ
た、咽が乾いた、腹が減った」というのは、いつそうなったかは捉
えられないが、その状態が感じられてくる状況の中で、捉えられる
状態の表現である。感覚活動の表現は、感覚における程度の変
化を基にして捉えるものであるから、感覚活動の表現に、その過
程が想定されるのである。感覚が過程の中で捉えられるとしたら、
その表現は、変化したことを表す形式「シタ」でも、変化することを
表す形式「スル」でも表現することが可能になる。この変化は、すで
にある程度そういう状態になっていることが、その背景に内在され
ているので、変化を表すこと自体が他ならぬ現在の状態を表す表
現になる。(164)と(166)のような表現が「スル」で現在の状態を表し
ているのはこのためである。

　感覚活動に用いられる「シタ」は、変化した結果の状態が現在に
続くということを表す。(167)のように、これらの表現に、再び変化し
たことを表す要素がない限り、つまり、それが現在の状態でないと
いうことを表すものがない限り、その変化したことを表すこと自体
は、そのまま現在の状態を表し続けることになる。「シタ」が現在の
状態を表すようになるのはこのためであろう。感覚活動の表現が、
主体の主観的な表現になるのは、動作主の主観的な判断によっ

て「時の表現」が決められる場合もあるからである。

　感覚活動の動詞の「スル」が全て現在の具体的な状態を表すわけではない。

　　　(181)　ラーメンを食べるとまたすぐお腹がすく。
　　　(182)　肉体労働は疲れる。

(181)と(182)の表現のように、感覚活動の動詞が単純な事実を表す場合もある。もちろん「肉体労働は疲れる」という表現は、肉体労働をしている本人が、その途中で自分の感じた状態として言う場合もある。こういう表現は、単純事実的な意味にもなり得るが、動作主の直接的な状態の意味にもなり得る。感覚動詞の「スル」による状態の表現は、「ある物事がそうだ」というような事実を述べるだけである。しかし、話し手がその事実と同じ状況の中でその事実を述べるとしたら、この表現は発話時における話し手の状態を表すことになる。つまり、「肉体労働は疲れる。」と言った場合、話し手が肉体労働をしているとすれば、話し手は疲れていることにもなり、この表現が現在の状態を表すものになるのである。

　「スル」で表される感覚活動は感覚変化が過程の中で捉えられた表現であるが、状態の変化が完全であると捉えられて、過程の想定が要らない表現、即ち、確実に疲れていることを表すような表現には、「スル」より「シタ」を用いるのが自然である。単純事実的な状態を表す場合を除き、過程の中で捉えられる状態でありながら、

290

感覚活動が成立したことを表す表現に、「シタ」が主に用いられるのは、このためであると考えられる。

5.2.2. 感情活動の表現

高橋太郎(1983)(再引用)は感情活動を表す動詞について次のように述べている。

(成立の時と現在のきもち)

心理的な状態が成立して、それが持続するとき、成立の完了としてとらえるとシタになり、それの持続の状態を一人称の気持ちとしてうちだすとスルになる。

(169) 「あきれたね」私はちょうどこちらをむいた友人のかおをみた。

(170) おまえの御幣かつぎにはあきれるよ。

(171) おどろいたな。これが当年の園田とおもうと、

(172) 「まアおどろきますわ！」これは駒子がぼう然とするのが当然であろう。

つぎの諸例も、スル・シタの両方がつかえるだろう。これらは、あいてに対する気持ちの表示という伝達的な要素をふくんでいるが、きもちの成立の時と現在の状態とがからんでいる点でここにはいるだろう。

(173) ありがとうございます。どうもおそれいりました。

(174) ごていねいに、おそれいります。

(175)　ぬけめのない子たちだねえ。まけたよ。あんたらには、

……中　略……

(きもちの成立時と実現時)

　あした水道がとまるという情報をうけて、「こまったなあ」という
とき、こまるきもちが成立したのは情報をうけたときなのである
が、実際にこまるのは、あした(未来)である。また、こまるきも
ちは現在もあるので、それを「こまるなあ」といったときは、現在
のことをいっているのか、未来のことをいっているのかわから
ない。こういうとき、「こまるなあ」と「こまったなあ」がけっきょくお
なじことをあらわすことになる。

　ここにとりあげるものは、認識時と実現時のズレの要素があ
る点で、つぎの五つともつながりがあるといえるだろう。

(176)　ミイコ「おばさん、つれてきたわよ」

　　　　まさこ「(見もせず)あアたすかるよオ」

(177)　旦那、旦那、おかげでたすかりました。

(178)　「十四日の日一日だけ。」「こまるな。」

　　　　「午後からでもいいわ。半日。」

(179)　こまったな。ま、いい。

(180)　しかしよわったな。　……

高橋太郎(1983)は感情活動の表現に「シタ」が用いられるのを、こ
れらの表現が動き(気持ち)の成立したことを表すからであると捉え
ている。しかし、「スル」が用いられる理由については明確にされて

いない。状態を一人称の気持ちとして打ち出すと、その表現形式が「スル」になるという解釈は、その意味が曖昧である。「シタ」や「シテイル」で表す表現が、一人称の気持ちを打ち出す表現にならないとは言えないからである。

高橋太郎(1983)は、「困る」が、現在のことを言っているのか、未来のことのことを言っているのか分からないと述べている。しかし、状態の表現は確認されるものに対する表現であるから、状態を表す「困る」が未来を表すことはないと考えられる。感情活動の表現が未来を表さないということは次の例からも明確である。

(183)＊私はあした困る。

(184)＊私はもうすぐ困る。

(185)　私はあした困ることになる(だろう)。

(186)　明日彼が来られないなんて、

　　　　(顔をしかめて)困るな。どうすればいいんだろう。

「困る」は未来に起こる事態に対するいま現在の状態を表すだけである。もし「困る」に未来の表現ができるとしたら、(183)と(184)のような未来の表現ができても不自然ではないはずである。つまり、「困る」に未来の表現ができたら、「困る」は変化動詞になり、あしたからそういう状態になるということが表せるはずである。しかし、「困る」にこういう未来の表現ができないということは、「困る」が未来に変化する(未来のある時期にそういう状態に変わる)ことを表すのではな

く、未来の対象に接した話し手の現在の状態(気持ち)を表すもの
であるからである。(186)のように、未来のことに対して、まだ未来
になっていないのに顔をしかめるような感情表現をすることを考え
ても、これが現在の表現であるということが裏付けられよう。感情活
動の表現の「スル」は現在の話し手の状態を表すものであるから、
現在とつながっていない未来の状態を表すことはできない。未来
のことは、(185)のように、推量の形として表現するのが一般的であ
る。こういうことは、「呆れる」の場合にも同じである。

　「困る・呆れれる」のような感情活動動詞の表現において、気持ち
(感情活動)の成立は情報を得た後のことであるが、気持ちの成立
する時点がいつであるかを明確に位置づけることはできない。こ
れは、感情活動の表現が、感情活動をさせる情報に接し、話し
手がそれを「困るようにするものであるのか、または、呆れるように
するものであるのか」というふうに判断して表現するものであるから
である。

　感情活動を表す表現は、対象に接する話し手の心的状態を話
し手の主観的な判断によって、動きの成立のものとして表現するの
で、対象が未来のものであるか、過去のものであるかは直接に関
係しない。「明日は雨だって。困ったな。」のように、未来のことに対
して「シタ」を用いても、「彼は今回欠席した。困るな。」のように、過
去のことに対して「スル」を用いても、不自然ではない。

　動きの成立を表す表現に用いられる「スル」は、現在の状態を表
さないが、感覚・感情活動の動詞のように、動き(感覚・感情)の成

立が話し手の主観的な判断によって位置づけられる場合、その「ス
ル」が現在の状態を表すものとして捉えられる。

(187)　a.　私はこういうとき<u>困る</u>。

　　　　b.　私はこういうとき<u>呆れる</u>。

　　　*c.　私はこういうとき<u>恐れ入る</u>。

(188)　a.　彼はお金のことで<u>困っている</u>。

　　　　b.　彼は今回のことで<u>呆れている</u>。

　　　*c.　彼は友達の行為に<u>恐れ入っている</u>。

(164)～(180)のうち(173)と(174)は、その使い方(謝罪や感謝の意を
表す場合)が他のものと異なっていると思われる。(187)～(188)に示
したように、「困る・呆れる」には、ある事実を述べるような表現がで
きるのに対して、「おそれいる」にはその表現ができない。しかし、
「困る・呆れるお・おそれいる」には客体的な表現ができ、「シテイ
ル」を用いることができる。これらについては、次項で考察する。

5.2.3.　その他

(189)　ありがとうございます。どうも<u>おそれいりました</u>。(＝(173))

(190)　ごていねいに、<u>おそれいります</u>。　　　　　　　　(＝(174))

(191)　ありがとうございます。

(192)　すみません。

(193)　ありがとうござい<u>ました</u>。

(194)　すみません<u>でした</u>。

(195)　*これからもおそれいります。

(196)　*これからもありがとうございます。

(197)　*これからもすみません。

(189)と(190)は、(191)～(194)と同じような表現であると考えられる。これらは状態の表現であり、一人称にしか用いられない主体的な表現である。これらが用いられる日常の場面から考えても、これらが客体化して表現されることはない。従って、(189)と(190)に、「シテイル」が用いられることは考えられない。さらに、これらは状態の表現であるから、(195)と(197)のように、未来の表現もできない。これらの表現はある行為に対する話し手の気持ちの表現である。その行為が発話時のものであれば、話し手の気持ちも発話時のものでいいし、その行為が過去のものであれば、話し手の気持ちも過去のものでいい。しかし、行為が過去のことであるにも関わらず、話し手の気持ちが現在のものになるのは何故であろうか。これは、過去のことに対する話し手の気持ちは現在のものでも充分であるからである。(191)と(192)は、相手の行為を受けたことに対する現在の気持ちを表した表現であるのに対して、(193)と(194)は、相手の行為を受けたそのときの気持ちを直接に表した表現である。(189)と(190)に「スル」と「シタ」が用いられるのは、過去のことに対する話し手の気持ちの表し方が、過去のものでも、現在のものでもい

いからである。

5.3. 感覚・感情動詞における動きの成立

　一般に「ある・いる・できる」のような状態動詞の表現は、動きの成立を問題にせず、捉えられる時点の状態だけを問題にする。これに対して、感覚・感情活動の表現は、状態を表す表現であるが、動きの成立が問題になり、その成立した動きから状態が捉えられる。つまり、感覚・感情活動の表現は、他の状態表現と違って、なかった感覚・感情が、基準時(対象に接する時点)以前に成立し、基準時にそういう感覚・感情であることを表すものである。

(198)　何もしてないのにかなり疲れたな。

(199)　その映画を見て本当に驚いた。

(200)　彼のばかげたことには呆れるわ。

(201)　きのう久しぶりに背広を一着買った。

(202)　先週やっと雑誌論文が完成した。

(198)～(200)のように、感覚・感情活動の表現は動きが成立し、その結果から捉えられるものであるが、その動きの成立時点を明確に位置づけることができない。ただ、現れている状態から動きの成立があったことが想定されるだけである。しかし、(201)と(202)のように、一般的な動きの成立を表す表現は動きの成立した時点(背広

を買った時点や雑誌論文が完成した時点)を正確に位置づけること
ができる。(201)と(202)に用いられる動詞の「タ」形と、感覚・感情活
動の動詞の「タ」形の間にはこういう違いが見られる。

　高橋太郎(1985：pp.69-70)も、これらの動詞では状態の成立する
時点が明確ではないことを次のように指摘している。

　　　感覚活動や感情活動をあらわす動詞のばあいは、完成相
　　過去形でも、話し手の現在の状態をのべることができる。
　　　　　　　　……中　略……
　　　これらは、変化動詞のばあい(「はらがへる」「つかれる」など)
　　には変化の局面が、動作動詞のばあい(「おどろく」「あきれる」
　　など)には始発の局面が現在以前にまるごと成立したことをあ
　　らわすのだが、その変化なり始発なりの局面のあとにつづく局
　　面が話し手の内部の心的現象であるので、ふたつの局面のさ
　　かいめがはっきりせず、結局は、変化と結果、あるいは始発
　　と動作をともにあらわしてしまって、基準時間との関係がわか
　　らなくなる。こうしてアスペクトから解放される。

感覚・感情活動の表現は、状態の変化が無意志的に生じるもので
あるから、状態の成立時点を確認することはできないが、発生して
いる状態から、変化(動きの成立)のあったことが想定できるもので
ある。継続している状態から、動きの成立したことが捉えられ、表
現されるので、動きの成立を表すことは、そのまま状態の持続を表

すことになる。従って、動きの成立を表す「シタ」が状態の持続の意味として捉えられるのである。また、前述したように、これらは状態が過程的なものの中で捉えられるが、これは、状態の程度が増大することによって、状態の成立が表されるということを意味する。これらが、程度の増大的変化を表すということは、高橋太郎(1985)も述べているが、大江三郎(1975)には次のように指摘されている。

　　「疲れる(くたびれる)」「驚く」「困る」「おなかがすく(腹がへる)」
　　「のどがかわく」などは、「よごれる」と同じように、「程度の増大
　　的変化」というアスペクトの内在的性質を持っているので、現
　　在完了の文として、「疲れた」「困った」は「疲れている」「困って
　　いる」を含意する

感覚・感情活動の表現における状態の成立(＝動きの成立)は、状態が変化する過程の中に位置づけられる。状態の程度が増大する中で、話し手は、その状態をすでに成立したものとして考えることができるし、また、状態をある程度感じているが、それはまだ過程の段階で、完全に成立した動きではないというふうに考えることもできるであろう。つまり、動きというのは瞬間に成立するものであるが、これらの表現における動きの成立は状態の変化する過程の中において話し手が主観的な判断でその時点を決めることができるのである。このように考えると、これらに、動きの成立することを表す表現形式「スル」が選ばれるのも不自然ではない。また、状態

の変化がまだ終わっていない過程にあるとしても、その変化というのは、すでに感じられている状態の増大を意味するので、そのまま状態の発生していることを意味し、「スル」でも状態を表す表現になるのである。仕事をしていて疲れを感じた場合、「あ、疲れる。」あるいは「あ、疲れた。」のどちらの表現もできるのはこのためである。しかし、実際は仕事をしていないのに、その仕事を評価し「この仕事は疲れる。」という表現に用いられる「スル」は、現在時に発生している具体的な状態を表すことはできない。

5.4. 感覚·感情動詞と人称

感覚·感情活動の表現は主観を表すものであるので、人称が変わると事象の内容(主体的か客体的か)も変わり、その表現の仕方も変わってくる。

大江三郎(1975)は人称制約と「シテイル」について次のように述べている。

> 「疲れる」「困る」のタイプの純粋主観の動詞のタに終わる現在完了の文では「思う」のタイプの純粋主観の動詞の現在時制(終止形)の文におけると同様、純粋主観(感情)の点的、直接的表現が行われている。従ってこれは一人称主語の場合にのみ可能であり、三人称主語の場合、不透明の純粋主観を透明の客観に変えるために、状態が単に含意されるだけで

なく明示的に表現された～テイルの使用が必要となる。

感覚・感情活動の表現は、動作主の主観的な判断が作用し、それによって、「時の表現」が決められる。話し手が第三者の主観を直接に知ることはできないので、一人称の場合以外は客観的な判断でしかその表現ができないという指摘である

　感覚・感情活動の表現は、状態の変化(程度の増大)を動作主以外が捉えることはできない。第三者の主観は客観的な根拠が得られない限り表現できない。客観的な根拠というのは、動作主の状態が現れ、それが存在しているものとして、話し手に認められる場合のことである。第三者の感覚・感情活動は、発生していることを情報として得て表現するしかない。主観が客体化されると、人称を問わず表現できるようになる。例えば、他人の疲れた状態は、それが客体化され、話し手に捉えられるようになってはじめて、表現できるのである。「シテイル」は、動きの成立から捉えられる現在の状態を表す形式である。一人称の場合を除き、これらの表現に「シテイル」を用いるのは、「シテイル」が客観的な表現に用いられる形式であるからである。第三者の感覚・感情活動の表現に「シテイル」が用いられるのはこのためである。

(203)　君はとても疲れた。

(204)　これくらいのことで疲れたのか。

(205)　あなたにもこの仕事は疲れるでしょう。

第三者の表現に「シタ」を用いることが許される文は、(203)のように、話し手が、相手の状態をまるで自分の状態のように断定して表す場合のように、特殊な場面での表現である。自分以外の人における状態の変化(動きの成立)を捉えることはできない。しかし、(204)と(205)のように、質問や推量の表現であれば、その表現は、状態に対する直接的な断定ではないので、一人称以外の表現でも「スル」と「シタ」を用いることができる。

5.5.「シタ」が実現する意味

　感覚・感情活動の動詞も動きの成立を表すものであると述べた。一般的に、動きの成立を表す「シタ」は過去を表す。しかし、感覚・感情活動の動詞における「シタ」は、主に現在の状況を表す表現に用いられる。これと関連して、動きの成立を表す表現における「シタ」が実現する意味について考えたい。

> (206) 彼は自由を求めてアメリカへ<u>行った</u>。
>
> 　　A. 今もそこに住んでいる。
>
> 　　B. 母国も自由民主国家に変わり、今は母国に戻っている。
>
> (207) 彼とは連絡が<u>途絶えた</u>。
>
> 　　C. 今もどこにいるのか知らない。
>
> 　　D. やっと、先週連絡が取れた。

動きの成立を表す「シタ」(特に変化動詞の場合)は、発話時以前に成立した動きを表すので、その動きの結果として生じる状態を含意するようになる。但し、この「シタ」は結果としての状態に関係せず発話時以前に成立した動きを表すのみである。従って、「シタ」が表す意味からは現在の状態が排除される場合もある。(206)は以前アメリカに行ったことを表すが、A.とB.に示したように、その結果が変わらず今もそこにいることもありうるし、アメリカに行ったのは行ったのであるが、それは過去のことで今はそこにいないこともありうる。(207)も同じである。彼と連絡が途絶えたが、C.とD.に示したように、その結果は、今も続く場合と続かない場合が有り得るのである。一般的に、動きの成立を表す「シタ」は、その結果の状態に対して中立的であることが指摘できる。しかし、感覚・感情動詞の場合は、この「シタ」が動きの成立した結果の状態だけを表し、発話時の状態を排除することがない。「疲れた」「困った」の表現において、発話時にその状態が無くなっている場合はない。

(208) 彼は<u>死んだ</u>。

(209) 彼女は<u>結婚した</u>。

(210) 彼は先生に<u>なった</u>。

(211) 彼の子供も大人に<u>なった</u>。

(212) ああ！本当に<u>疲れた</u>。

(213) <u>お腹がすいた</u>。早く食べに行こう。

(214) 彼の研究ぶりには<u>驚いた</u>。

(215) 彼の行動には<u>あきれた</u>。

(208)～(211)は、動きの成立した結果の状態が現在にも継続しているものであると言える。特に、(210)と(211)のように、変化の結果を表す「なる」の過去形「なった」は、現在の状態を表すのによく用いられる。(208)のような動詞は状態の変化が一回しか起こらない永久的なものであるので、その結果が続くということは変わることがない。(209)も、離婚したとかいう条件が示されない限り、(208)と同じようなものになる。これらは、動きの成立した結果の状態が継続し、現在にもそうであることを表すことができるものである。しかし、(212)～(215)は、状態の変化が一時的なもので、その状態は特に別の操作をしなくても、必ず元の状態へ戻る。(208)～(210)のように、動きの成立時点が具体的な表現に用いられる「タ」形は、動きが発話時以前に成立したことを表すだけである。しかし、結果としての状態は残るので、成立した動きを表すことが、現在の状態をも含意するようになるのである。これに対して、(212)のように、疲れた状態になって、すなわち、疲れを感じた時点で、状態の変化が想定できるものは、変化した後の状態(現在の状態)を表現するために、その変化のあったことを表す形式(「タ」形)が用いられるのである。感覚・感情活動の表現は、動きの成立する時点を具体的なものとして切り取って表現することはできない。(212)～(215)のように、「タ」形が成立した後の状態を表す表現に用いられ、現在だけを表すのはこのためである。

304

5.6. 感覚・感情動詞における過去の表現

　感覚・感情活動の表現は、「シタ」が現在を表す専用の形式のように用いられている。それでは、過去の状態はどう表現されるのであろうか。

　(216)　a. あー、とても<u>疲れた</u>。

　　　　　b. 突然順番が回ってきて<u>困った</u>な。

　(217)　a. その時は本当に<u>困った</u>。

　　　　　b. その時は本当に<u>困っていた</u>。

　　　　　c. 本当に<u>困っていた</u>。

　(218)　a. 昨日は作業で<u>疲れた</u>。

　　　　　b. 昨日は作業で<u>疲れていた</u>。

　　　　　c. 作業で<u>疲れていた</u>。

(216)のa.とb.のように、これらの表現に過去を表す修飾成分がない限り、「シタ」は現在の状態を表すものとして用いられてしまう。しかし、(217)と(218)のa.のように、文中に過去を表す修飾成分がある場合は、「シタ」も過去を表すものになる。さらに、(217)と(218)のb.とc.のように、成立した動きの結果から捉えられる状態が過去のものとして限定される表現は、過去を表す修飾成分があっても、なくても、過去の状態を表すものにしかならない。過去の状態を表す表現には、それ以前に動きの成立したことを表す形式(即ち、変化

305

から捉えられる状態が過去時であることを表す形式)「シテイタ」があるので、感覚・感情活動の動詞における過去の表現ができるのである。

　感覚・感情活動の動詞における現在の表現は主体的な表現であるが、これが過去の表現になると客体的な表現に変わる。現在の表現においても、第三者のことは客体的な表現になる。客体的な表現の現在が「シテイル」によって表現されることは前述した通りである。感覚・感情活動の動詞における過去の表現は客体的な表現であるので、客体的な表現に用いられる「シテイル」の過去形「シテイタ」が用いられるのである。

6. 結論

　現在の表現は事象が状態を表す場合に可能である。状態を表す事象に用いられる形式には「スル」と「シタ」があり、現在の表現には「スル」を用いるのが一般的である。動きの成立を表す動詞は「シテイル」の形式を取り、状態動詞の「スル」と同じ「時の表現」をする。

　従って、動きの成立を表す表現には「スル」と「シタ」が用いられるが、状態の表現には「スル」と「シタ」以外に、「シテイル」と「シテイタ」も用いられるのである。

　現在の状態を表すのに用いられる形式には、「スル」と「シテイ

306

ル」、それに「シタ」もある。「シタ」が現在の状態を表すのは、感覚・感情活動の表現の場合であるが、この現在は動きの成立を表す「シタ」が実現する意味である。感覚・感情活動の表現の「シタ」は、動きの成立したことをもって、現在の状態を含意させるものであるので、結果的に現在を表していると言えるが、その形式自体が状態を表すものではない。この事実は「時の表現」形式が規則的であることを反映している。

　状態動詞の現在の表現には「スル」を、動きの成立に用いられる動詞の現在の表現には「シテイル」を、用いる。しかし、状態動詞の現在の表現に「スル」と「シテイル」を用いることや、動きの成立に用いられる動詞の現在の表現に「シテイル」と「スル」を用いることから、現在の状態を表すのに用いられる動詞の形式に規則性が欠けているようにみえる。

　「スル」で充分であるように考えられる状態動詞の現在の表現に「シテイル」が用いられるのは、動詞における状態の表現がほとんど「シテイル」の形で表現されることや、この「シテイル」が持っている意味(以前から継続しているという意味)が働いているためであると考えられる。

　動きの成立に用いられる動詞が「スル」で現在を表すのは、状態動詞の「スル」が表す意味と同じように、動きの成立が捉えられず、ただその事実が現在に有効であることを表すからである。つまり、動きの成立が捉えられない事象の「スル」は全て現在の事実(状態)を表し、その形式と意味には規則性が維持されている。

307

　主観を表す主体的な表現は人の内部の状態の表出である。そのために、第三者の主観は、直接に表現できず、客体化を経て表現される。それが主観を表す動詞の「シテイル」である。第三者の思考活動・感覚活動・感情活動に「スル」が用いられないはこのためである。主観を表す表現は、主観を働かせる対象が人の内部にあるのか、それとも人の外にあるのかという点で異なっている。対象が人の外にあるものはその表現が対象の動きに影響を受ける場合もある。「見える・聞こえる」などの表現は対象の動きにより、話し手の状態の持続が制限される。

　状態の表現に用いられる形式がそれ自体として語彙的な意味を持っていない場合もあるが、こういう表現に用いられる形式は、話し手と対象と述語の間の関係から捉えられる。「がスル」の文が状態を表す場合、これを「がシテイル」に置き換えても、その文はそのまま状態を表す場合が多いが、「をシテイル」の文が状態を表す場合、これを「がスル」に置き換えても、その文がそのまま状態を表す場合はない。

　対象と述語が「が格」で結び付けられている場合は、「スル」でも「シテイル」でも状態の表現が可能になるが、対象と述語が「ヲ格」で結び付けられている場合は、状態の表現に「シテイル」だけが可能になる。この事実は、ある形式の選択に、対象と述語を結びつける格が関連していることを意味する。「がシテイル」で表される内容と「をシテイル」で表される内容を比較してみると、「がシテイル」の方は主観を表す場合が多く、「をシテイル」の場合は客観を表す

場合が多い。これは「感じがしている」と「形をしている」という二つの表現を比較して見れば明らかである。

　ある表現に用いられる形式の選択には、話し手と対象の関係が密接に関わってくるのである。

　状態表現の動詞における現在の表現形式は多様である。しかし、それには規則性が存在していることが明らかである。「時の表現」は、事象とそれを表す形式が規則的な体系を持っているものである。従って、先行研究で例外視されている表現はこの規則的な体系を明らかにする上で極めて重要な材料であると言うべきである。

第九章

終わりに

　日本語における「時の表現」というのは、時間軸上に位置づけられる事象の時点的な対立を表すものである。事象が時間軸の上にどう現れるかということから、事象は「状態」と「動きの成立」という二つの異なった「時の表現」をするものに分けられる。状態の表現は、継続している状態が過去であるのか、それとも現在であるのかということを表すものであり、これに用いられる形式「タ」形と「ル」形は、それぞれ過去と現在を表す。これに対して、動きの成立の表現は、動きがすでに成立したか、それともこれから成立するかということを表すものであり、これに用いられる形式「タ」形と「ル」形は、それぞれ過去と未来を表す。本書は、発話時を基準時にした表

現が考察の対象であるので、過去・現在・未来という概念をそのまま用いた。

　過去・現在・未来というのは事象と時間軸が結び付けられる時点である。「時の表現」における事象というのは、状態を表すものと動きの成立を表すものに類別されるので、過去・現在・未来は「状態の存在時」か「動きの成立時」を表す時間軸上の時点として捉えられる。

　これをまとめると、第2章でも示したが、次の【表9】のようになる

【表9】

事象の種類	状　　態	動きの成立
時の表現の決定	状態の存在時 状態が捉えられる時点	動きの成立時 動きが成立する時点
形式の意味	シタ(過去) 発話時以前の状態	シタ(過去) すでに成立した動き
	スル(現在) 発話時の状態	スル(未来) これから成立する動き

　事象には客体的なものもあれば、主体的なものもある。つまり、事象には、それが客体化されて誰にでも表現できる状態として存在するものもあるが、事象が動作主の主観であり、それが客体化されず、動作主でなければ表現できない状態として存在するものもある。また、事象は、客体的なものであれ、主体的なものであれ、それが話し手の主観的な時点として捉えられる場合がある。

312

　つまり、ある一つの事象が、話し手の主観的な判断によって、対立する形式で表現される場合がある。「主観・客観」そして「主体・客体」というような概念は、「時の表現」を考察する際に、まず初めに考慮すべきものである。こういう概念の関連する事象は【表9-1】から外れるものではない。「時の表現」を捉える上で、最も例外視されてきたものがまさにこういう概念で、これらについては今後とも研究の余地が多いと言えよう。

　事象の種類によって「時の表現」の現れ方は異なっており、過去・現在・未来の表現とそれを表す形式は一対一で対応していない。つまり、現在を表すものは、状態を表す事象でなければならないが、その表現に、ある一つの形式だけが用いられるわけではない。しかし、「時の表現」は、事象の内容によって、それを表す形式が規則的な意味を持たなければならない。

　過去・現在・未来という時の観念があり、言語表現をこの中で考えると、「時の表現」は過去・現在・未来を表すものとして存在し、全ての事象にこの三つを表す形式があるというふうに考えるのは当然であると思われるかもしれない。しかし、事象には、現在の表現ができないものもあり、また、未来の表現ができないものもある。状態を表すものは、過去と現在の表現ができ、未来の表現ができないが、動きの成立を表すものは、過去と未来の表現ができ、現在の表現ができない。これにはそれなりの理由がある。

　状態の表現は、確認されるものに対する表現であると同時に、動きの成立が問題にならない表現である。確認されない未来の状

態は、推量の形として表現するのが一般的である。状態を表すものに未来の表現ができないのはこのためである。但し、まだ現れていない未来の状態を間違いないことであると話し手が確信して表現する場合は、推量の形式を付けず、「ル」形をそのまま用いる場合もある。つまり、未来の状態の発生を現在の事実のように表現するのであるが、未来の状態はまだ展開されていないため、あくまでも未来に現れる状態に対する現在の確信を表す表現であると考えるべきであろう。

　動きの成立の表現は、動きの成立如何を捉えるものである。動きの成立は瞬間に行われるもので、動きの成立自体が持続することは有り得ない。現在というのは継続する瞬間瞬間(発話時)であるから、継続的なものとして捉えられる状態以外に、現在のものとして表現できるものはない。動きの成立を表すものに現在の表現ができないのはこのためである。

　さて、動きが成立し、その結果の状態が時間軸に位置づけられる場合がある。動きの成立を表すものに、状態を表す形式(「イル」)を付けることによって、動きの成立と関わる状態の表現ができるようになる。動きの成立から捉えられる現在の表現は、動きの成立があったものの、その結果から捉えられる発話時の状態が時点として位置づけられるものであるから、「時の表現」の中で捉えられる「シテイル」は、状態の表現の一つである。「時の表現」における「シテイル」は、「シテイル」と「シテイタ」の対立であり、状態の表現を表す「ル」形と「タ」形の対立の中で位置づけるべきものである。つまり、

314

「シテイル」は状態動詞の「アル・イル」と「アッタ・イタ」の対立と同じものとして考えなければならない。

　「時の表現」は、事象が状態を表すかそれとも動きの成立を表すかということが、時間軸にどう位置づけられるのかに関わるものであるので、状態の性質の違いなどは「時の表現」の体系に直接に影響することはない。「シテイル」は、動きの成立とその結果から捉えられる状態という一つの意味を表すものであり、この状態の対立（「イル」と「イタ」）が「時の表現」を示しているのである。従って、「シテイル」が「時の表現」と関わるのは、状態の対立を表す部分であり、「シテイル」がどういう状態を表すかは「時の表現」の体系に影響するものではないと言えよう。

「時の表現」の中で位置づけられる「シテイル」の意味を示せば、第六章でも示したが、次の【図9】のようになる。

【図9】

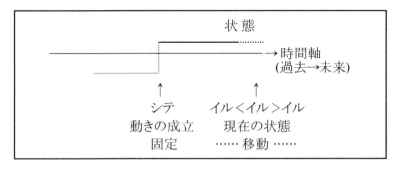

　状態の表現は継続している状態を時間軸に位置づけるものである。状態を表す「ル」形は続いている状態を現在の存在として表す形式であるが、「タ」形は続いている状態を過去の存在として表す形式である。つまり、状態を表す形式「ル」形と「タ」形は、状態が現在続いているかどうかの違いを表すものである。「ル」形は状態が現在の時点に続いていることを表す。「タ」形は、状態が過去の時点に続いていたことを表すが、その状態の継続が過去であるということ以外については何も表さない。この過去の状態が現在まで持続する可能性はあるが、このことに関して「タ」形は非明示的であることに注意しなければならない。従って、「タ」形を「ル」形に変えず、そのままにして置くとしても、その状態が現在まで続いているということが、時の修飾成分のような何等かの要素で示されるとすれば、「タ」形は「ル」形と同じように現在までの状態を表すことができるようになる。これによって、過去の状態として表現される事象も、現在の状態を表すことができるのである。対立する形式を一つの事象に用いるのはこのためで、これは「時の表現」の例外ではない。

　現在は持続する瞬間であるので、現在の表現は、事象が状態として捉えられることが前提である。つまり、現在は発話時の間に続いている事象だけに可能な表現である。しかし、動きの成立を表すものは、ある動きが瞬間的な時点で成立することを表すだけで、状態の持続を表すことはできない。動きの成立を表すものに現在の表現ができないのはこのためである。従って、動きの成立

316

を表すものが発話時と関連して現れるとしても、それに用いられる
形式は現在を表すものにはならない。

　従来の研究では、現在の表現と関連して、いくつかの混同が
あったと考えられる。一つの場面に用いられる本来対立する形式
のことや、発話時と関連して用いられる形式が、現在を表すものと
して捉えられて来た。現在の表現は、これに用いられる形式が
様々であり、その捉え方も単純ではない。動きの成立を表す動詞
は、「ル」形という形で用いられるが、その表現が、動きの成立は
捉えられず、状態的なものとして位置づけられる場合もある。状態
を表す表現であるのに、「スル」が用いられず、「シテイル」だけが
用いられる場合や、「スル」で充分であると考えられるのに、「シテイ
ル」がともに用いられる場合もある。

　さらに、事象には「疲れた。困った」などのように、発話時以前に
成立した動きを表すことが現在の状態として捉えられるものもある。
これは動きの成立はあるものの、その具体的な成立時点を捉える
ことができなくて、後の状態からその動きの成立が想定されるから
である。動きの成立によって、状態の発生していることが表わされ
る場合、それに用いられる形式は、結果的に状態を表すものとし
て捉えられる。従って、状態を表す表現に、動きの成立を表す形
式が用いられるのも不自然なことではないし、また、形式上の問題
も生じない。この形式が動きの成立を表すものであるということには
何の変わりもない。

　従来、「時の表現」の体系は、テンスとアスペクトの中で捉えられ

てきた。この枠組みの中では、解決できず、例外的なものとして取り扱われる問題が多かった。本書では、先行研究でその捉え方が不充分であったと思われるものを考察の対象にし、その解明から「時の表現」の体系を捉えている。しかし、本書は、「シテイル」を「時の表現」の中に正しく位置づけることから始めたものであるので、自然に、現在を表すものが考察の中心になっている。その結果、過去や未来を表すものに関しては詳しい考察が行われていない。また、本書の考察は、終止形という文末表現のみが考察の対象になっており、その考察対象の範囲も限られていると言わざるを得ない。従って、「時の表現」は、これに影響する、別の観点が新たに付け加えられるべきかも知れない。そういう点で、本書は、「時の表現」の全体を語るのに、依然として不充分なところを残している。今後は、これを踏まえてもっと体系的な研究に取りかかりたいと思う。

318

《参考文献》

安藤貞雄(1986)『英語の論理・日本語の論理』, 大修館書店

井上和子(1976)『変形文法と日本語』(下), 大修館書店

大江三郎(1975)『日英語の比較研究 主観性をめぐって』, 南雲堂

奥田靖雄(1978)「アスペクトの研究をめぐって(上)」『教育国語』53, むぎ書房

＿＿＿＿(1978)「アスペクトの研究をめぐって(下)」『教育国語』54, むぎ書房

＿＿＿＿(1988)「時間の表現(1)」『教育国語』94, むぎ書房

＿＿＿＿(1988)「時間の表現(2)」『教育国語』95, むぎ書房

尾上圭介(1982)「日本語のテンスとアスペクト」『日本語学』12月号, 明治書院

北原保雄(1991)「表現主体の主観と動作主の主観」『国語学』165, 国語学会

紙谷栄治(1989)「テンスとアスペクト」北原保雄編『講座日本語と日本語教育』
　　　4巻, 日本語の文法・文体(上), 明治書院

金水敏(1987)「時制の表現」『国文法講座 6』山口明穂編, 明治書院

金田一春彦(1976)『日本語動詞のアスペクト』金田一春彦編, むぎ書房

工藤浩(1985)「日本語の文の時間表現」『言語生活』403, 筑摩書房

工藤真由美(1982)「シテイル形式の意味記述」武蔵大学『人文学会雑誌』13-4

＿＿＿＿＿(1982)「シテイル形式の意味のあり方」『日本語学』12月号, 明治書院

＿＿＿＿＿(1987)「現代日本語のアスペクトについて」『教育国語』91, むぎ書房

＿＿＿＿＿(1989)「現代日本語のパーフェクトをめぐって」『ことばの科学3』, む
　　　ぎ書房

草薙裕(1983)「テンス・アスペクトの文法と意味」『朝倉日本語新講座3文法と意
　　　味 1』水谷静夫編, 朝倉書店

＿＿＿＿(1994)「日本語における非過去形のテンスとアスペクト」『森野宗明教授
　　　退官記念論集 言語・文学・国語教育』, 三省堂

国広哲弥(1987)「アスペクト辞「テイル」の機能」『東京大学言語学論集'87』

＿＿＿＿(1982)「テンス・アスペクト－日本語・英語」『講座日本語学』第11巻,
　　　明治書院

小矢野哲夫(1982)「国語学におけるテンス・アスペクト観の変遷」『日本語学』12
　　　月号, 明治書院

沢田治美(1993)「日英語主観的助動詞とテンス－日英語助動詞の分析－」『視
　　　点と主観性』, ひつじ書房

杉原丈夫(1974)『時間の論理』早稲田大学出版部

杉本武(1988)「「動詞＋ている」の表すアスペクトについて」『論集ことば』, 東京都
　　　立大学人文学部国文研究室

鈴木重幸(1972)『日本語文法・形態論』, むぎ書房

＿＿＿＿(1979)「現代日本語動詞のテンス－終止的な述語につかわれた完成
　　　相の叙述法断定の場合－」『言語の研究』, むぎ書房

＿＿＿＿(1983)「形態論的なカテゴリーとしてのアスペクト」『金田一春彦古希記
　　　念論文集』第一巻, 三省堂

高橋太郎(1985)『現代日本語動詞のアスペクトとテンス』, 国立国語研究所

＿＿＿＿(1983)「スルともシタともいえるとき」『金田一春彦博士古希記念論文集』
　　　第一巻, 三省堂

＿＿＿＿(1987)「動詞・その4 テンス(その一)」『教育国語』91, むぎ書房

＿＿＿＿(1988)「動詞・その5 テンス(その二)」『教育国語』92, むぎ書房

滝浦静雄(1976)『時間－その哲学的考察－』, 岩波新書

寺村秀夫(1984)『日本語のシンタクスと意味』第2巻, くろしお出版

中右実(1980)「テンス, アスペクトの比較」『日英語比較講座第二巻文法』国広
　　　哲弥編, 大修館書店

仁田義雄(1982)「動詞の意味と構文－テンス・アスペクトをめぐって,」『日本語学』
　　　創刊号, 明治書院

橋本万太郎(1981)『現代博言語』第2章 完了と過去・――形態論, 大修館書店

益岡隆志(1987)『命題の文法』, くろしお出版

町田健(1989)『日本語の時制とアスペクト』, NAFL選書 アルク

松下大三郎(1932)『改選標準日本語文法』, 中文館書店, 復刊(勉誠社, 1978)

松本泰丈(1978)『日本語研究の方法』, むぎ書房

三上章(1953)『現代語法序説』, 刀江書院, 復刊(くろしお出版, 1972)

三原健一(1992)『時制解釈と統語現象』, くろしお出版

森山卓郎(1983)「動詞のアスペクチュアルな素性について」『待兼山論集』17

　　　　　(1984)「アスペクトの意味の決まり方について」『日本語学』3-12, 明治書院

　　　　　(1988)『日本語動詞述語文の研究』, 明治書院

山田孝雄(1928)『日本文法論』, 宝文館

矢沢真人(1985)「状態修飾成分と＜シテイル＞の意味」『日本語学』4-2, 明治書院

吉川武時(1989)『日本語文法論』, NAFL選書 アルク

吉田茂晃(1989)「シテイル形式の意味分化の原理」『日本語学』6月号, 明治書院

オット・イェスペルセン(1924)『文法の原理』半田一朗訳, 岩波書店

ジェフリー・N. リーチ(1987)『語用論』池上嘉彦・河上誓作訳, 紀伊国屋書店

バーナード・コムリー(1988)『アスペクト』山田小枝訳, むぎ書房

牟世鍾(1992)「状態表現の「ル」形と「タ」形－両形式の意味とその近似性」『日本語と日本文学』第17号, 筑波大学国語国文学会

　　　(1993)「発見・思い出しにおける「ル」形と「タ」形」『日本語学』2月号, 明治書院

　　　(1994)「動きの成立における「ル」形と「タ」形－現在の表現と関連して－」『森野宗明教授退官記念論集 言語・文学・国語教育』, 三省堂

　　　(1996)「出来事における同時性と継起性を表す形式について」『金匡来教授追慕論文集』, 金匡来教授追慕論文集刊行委員会

　　　(1997)「時の表現の決定要素について」『日本学報』第38輯, 韓国日本学会

　　　(1998)「状態表現における「スル」と「シテイル」の意味について」『日本学報』第40輯, 韓国日本学会

　　　(1999)「現在が「スル」「シテイル」で表現される動詞をめぐって」『日本学報』第42輯, 韓国日本学会

　　　(2000)「状態の表現における現在の表現形式－「シタ」「スル」「シテイル」で表現される動詞－」『日本学報』第44輯, 韓国日本学会

　　　(2001)「形式動詞「する」の状態を表す形式について」『日本学報』第49輯, 韓国日本学会

　　　(2002)「遂行動詞文の時の表現について」『日語日文学研究』第41輯, 韓国日語日文学会

　　　(2007)「恒時的な事象における[スル]と[シテイル]の置き換えについて」『日本言語文化』第10輯, 韓国日本言語文化学会

_____(2008)「状態化動詞文の「時の表現」形式について-修飾語による状態化動詞文を中心に-」『日本言語文化』第12輯, 韓国日本言語文化学会

《関連論文一覧》

第一章

・「時の表現の決定要素について」『日本学報』第38輯, 韓国日本学会, 1997

第三章

・「出来事における同時性と継起性を表す形式について」『金匡来教授追慕論文集』, 1996

第四章

・「状態表現の「ル」形と「タ」形－両形式の意味とその近似性」『日本語と日本文学』第17号, 筑波大学国語国文学会, 1992
・「発見・思い出しにおける「ル」形と「タ」形」『日本語学』2月号, 明治書院, 1993

第五章

・「動きの成立における「ル」形と「タ」形－現在の表現と関連して－」『森野宗明教授退官記念 論集言語・文学・国語教育』三省堂, 1994
・「遂行動詞文の時の表現について」『日語日文学研究』第41輯, 韓国日語日文学会, 2002

第七章

・「恒時的な事象における[スル]と[シテイル]の置き換えについて」『日本言語文化』第10輯, 韓国日本言語文化学会, 2007
・「状態化動詞文の「時の表現」形式について－修飾語による状態化動詞文を中心に－」『日本言語文化』第12輯, 韓国日本言語文化学会, 2008

第八章

- 「状態表現における「スル」と「シテイル」の意味について」『日本学報』第40輯, 韓国日本学会, 1998
- 「形式動詞「する」の状態を表す形式について」『日本学報』第49輯, 韓国日本学会, 2001
- 「現在が「スル」「シテイル」で表現される動詞をめぐって」『日本学報』第42輯, 韓国日本学会, 1999
- 「状態の表現における現在の表現形式－「シタ」「スル」「シテイル」で表現される動詞－」『日本学報』第44輯, 韓国日本学会, 2000

著者略歴

▌牟世鍾
 ·全州高等学校
 ·韓国外国語大学校
 ·日本) 筑波大学大学院(碩士·博士)

 ·仁荷大学校 教授
 ·韓国日本言語文化学会 会長

日本語の「時の表現」の研究

初版印刷	2017년 12월 21일
初版発行	2017년 12월 30일

著　　　者	牟世鍾
発 行 者	尹錫賢
発 行 所	J&C Publishing company
	353, Uicheon-ro, Dobong-gu, Seoul, Korea
	Tel: 02) 992 / 3253　Fax: 02) 991 / 1285
	http://www.jncbms.co.kr
	jncbook@hanmail.net

ⓒ 牟世鍾 2017. Printed in KOREA.

ISBN 979-11-5917-086-7　93730　　　　　　　　정가 32,000원